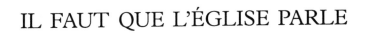

IL FAUT QUE L'ÉGLISE PARLE

Mgr Bernard Hubert

IL FAUT
QUE L'ÉGLISE PARLE

Le testament d'un évêque engagé

FIDES

Données de catalogage avant publication (Canada)

Hubert, B. (Bernard), 1929-1996
Il faut que l'Église parle : le testament d'un évêque engagé
ISBN 2-7621-1901-4

1. Église et problèmes sociaux – Église catholique.
2. Vie chrétienne.
3. Justice sociale – Aspect religieux – Église catholique.
4. Bible. N.T. Évangiles – Critique, interprétation, etc.
5. Hubert, B. (Bernard), 1929-1996. I. Titre.

HN37.C3H82 1996   261.8'3   C96-940970-2

© Éditions Fides, 1996
Dépôt légal : 3ᵉ trimestre 1996
Bibliothèque nationale du Québec

Les Éditions Fides sont inscrites au Programme de subvention globale du Conseil des Arts du Canada et reçoivent l'appui de la SODEC.

NOTE DE L'ÉDITEUR

Parmi les textes présentés dans ce livre, certains sont la transcription d'enterventions orales auxquelles nous avons conservé le style et la spontanéité du langage direct et parlé. En 1993, Monseigneur Bernard Hubert avait donné une importante conférence à l'occasion du soixantième anniversaire du diocèse de Saint-Jean-Longueuil. Il devenait difficile de choisir, dans ce texte intitulé *Les baptisés au cœur du monde*, les seuls extraits traitant directement de la justice sociale. De plus, l'homélie prononcée par Monseigneur Jacques Berthelet cite abondamment cet écrit. On pourra toutefois retrouver le texte intégral de cette conférence dans le livre de Paul Longpré, *Malgré tout l'espoir*, publié chez Fides en 1994, aux pages 288 à 213.

INTRODUCTION

Janvier 1996. Presque timidement, à cause des nombreuses occupations qui lui laissent peu de temps pour l'écriture, je rappelle à Monseigneur Bernard Hubert un engagement qu'il avait déjà pris d'ajouter à la collection *Credo de mon existence* un petit livre susceptible d'aider les chrétiennes et les chrétiens à mieux saisir la pertinence sociale de la foi.

Il réfléchit un moment. Puis, du ton ferme qu'on lui connaît, il acquiesce : « C'est l'année internationale de l'élimination de la pauvreté : il faut que l'Église parle ! »

Et voilà que le 2 février de la même année, en ce jour où l'Église célèbre la Présentation de Jésus au temple, l'évêque de Saint-Jean-Longueuil chante lui-même son *Nunc dimittis*. Sa mission est accomplie. Il repose dans la paix de son Seigneur, laissant dans le deuil un peuple qu'il avait guidé sur les voies de l'espérance. Près de son cercueil, attachée à un tribut floral, une des paroles qu'il avait dites et écrites : « Si je veux connaître l'état de santé de ma communauté chrétienne, je me demande : " Est-ce que les boiteux marchent ? " Car le cri des pauvres est la voix de Dieu. »

Cela dit assez bien l'intention pastorale de celui qui avait choisi comme devise épiscopale : « Notre salut est objet d'espérance » (*Rm* 8,24).

Les très nombreux témoignages reçus lors du décès de Monseigneur Bernard Hubert rappellent l'idéal d'engagement pour la justice qu'il portait au cœur. Des femmes et des hommes de tous âges se souviennent d'avoir été aidés et encouragés par lui. Des membres de divers paliers gouvernementaux évoquent les interpellations qu'il leur avait adressées, toujours avec déférence, mais aussi avec force et conviction. Des représentants du monde des médias rappellent des interviews où il prêtait sa voix aux sans-voix, dans le plus grand respect de la dignité de chaque personne. Des gens d'Église mais aussi de nombreux citoyens qui ne réclament aucune appartenance ecclésiale célèbrent son authenticité, son intelligence, son jugement mis au service de la vérité, de l'équilibre du partage des biens et de l'élaboration de rapports égalitaires entre les humains.

Impossible de laisser se perdre la pensée sociale de cet évêque qui aura marqué non seulement l'Église diocésaine dont il était le pasteur respecté et aimé, mais aussi celles du Québec et du Canada et, au-delà de ces Églises, la société de la deuxième moitié du vingtième siècle. Voilà pourquoi une œuvre posthume présentant certains de ses textes et de ses discours ravive la mémoire de ce pasteur au cœur ardent et aux larges visions.

Les textes retenus sont colligés par Albert Beaudry qui a choisi de les regrouper en trois parties, dont la première fait entendre les appels du monde à la solidarité avec les démunis, à l'engagement, à la tolérance, à la dénonciation, au dialogue, à la lutte pour l'avènement de la justice. Ces pages diront d'elles-mêmes l'attention que Monseigneur Bernard Hubert portait aux signes des temps. La deuxième partie permet aux lectrices et aux lecteurs de savourer l'Évangile vécu au quotidien comme réponse aux divers événements qui tissent la vie des familles et des sociétés où prennent place le travail, les loisirs, la culture, les arts, la science, l'économie, bref, le politique dans toute son extension. Les textes qui la composent dévoilent comment leur auteur croyait à l'engagement social de toute personne dans tous les secteurs de la vie moderne. Enfin, la dernière partie de ce volume livre certains textes où, fidèle à ce qu'il avait dit dans l'homélie prononcée lors de son ordination à l'épiscopat au diocèse de Saint-Jérôme, Monseigneur Bernard Hubert *prêche l'Évangile de Jésus Christ en plein monde pour y inviter les hommes* — à la fin de sa vie, il aurait employé le langage inclusif — *à bâtir une terre nouvelle qui soit le royaume de Dieu.*

Monseigneur Pierre Morissette, vice-président de l'Assembée des évêques du Québec et président du Comité épiscopal des affaires sociales de cette Assemblée, a voulu rendre hommage à Monseigneur Bernard Hubert en préfaçant ce livre. Monseigneur Jacques Berthelet, évêque auxiliaire de Saint-Jean-Longueuil et administrateur du diocèse durant la vacance du siège épiscopal a accepté que l'homélie qu'il avait prononcée en la cocathédrale de Longueuil, lors des funérailles, en devienne la postface. Cette préface et cet appendice révèlent de belle manière le service rendu à l'Église et à la société par cet éveilleur et cet éducateur de la conscience sociale des baptisés. Puissent ces deux évêques que Monseigneur Hubert considérait comme ses frères dans l'épiscopat être remerciés.

Plusieurs autres personnes ont consacré du temps à la réalisation de cet ouvrage. Qu'elles soient aussi remerciées. Monsieur Gilles Roy, responsable diocésain du service de recherches, a retrouvé et réparti les textes originaux sous plusieurs thèmes. Monsieur Bernard Lacroix, C.S.C., adjoint au directeur général des Éditions Fides, et moi-même avons fait un premier choix et dressé un plan provisoire de ce qui nous paraissait devoir être publié. Monsieur Albert Beaudry a donné à l'œuvre son caractère définitif. Madame Andrée Normandin, secrétaire de Monseigneur Hubert pendant de longues années, a copié les textes. Enfin, le personnel des Éditions Fides a mis toute sa compétence à réaliser ce livre qui ne paraîtra pas dans la collection *Credo de mon existence* puisqu'il est à lui seul le credo évangéliquement social et socialement évangélique d'un grand évêque dont le rêve de justice et la compassion n'avaient d'égales que l'espérance active et l'humilité du serviteur de Dieu en un monde appelé au salut.

Denise LAMARCHE, C.N.D.
secrétaire générale
Diocèse de Saint-Jean-Longueuil

PRÉFACE

Les personnes qui liront ce volume y trouveront une pensée claire, courageuse et nuancée. Qui, comme moi, a eu la chance de connaître Bernard Hubert ne s'en étonnera guère.

Bernard Hubert était un homme éveillé, constamment à l'affût, conséquence sans doute de sa formation scientifique. Il observait avec grande attention la scène sociale ; il recherchait l'information de différentes sources ; il avait besoin de comprendre, de voir clair, de savoir le pourquoi des choses. Il analysait beaucoup les événements. Et quand il se mettait à parler, c'était un ravissement de l'entendre exposer avec une clarté difficilement égalable sa vision de la situation. Il percevait les enjeux et discernait les conséquences des politiques ou des choix proposés. Sa parole était source de lumière.

Bernard Hubert était un homme engagé. Il est des individus éveillés qui sont incapables de passer à l'action ; ce peut être le fruit d'un manque d'imagination, ou de la paresse, ou de la peur. Monseigneur Hubert n'était pas de ceux-là. C'était un homme d'action. Il cherchait à modifier les situations, à en corriger les aspects qui lui semblaient négatifs. Il recevait souvent à sa table des gens de différents milieux : affaires, médias, politique, université, etc. ; c'était l'occasion de faire connaître sa position, de mettre de l'avant certaines solutions, de défendre les droits des plus pauvres. Quand il prenait la direction d'un comité, on pouvait être sûr qu'il y « aurait de l'action », que le comité deviendrait productif. À ses yeux, les structures, y compris celles de l'Église, n'étaient pas bâties pour l'éternité : elles étaient constamment révisibles ; à titre de président de la CECC et de l'AEQ, il a exercé une forte influence en faveur des changements qui sont intervenus depuis quelques années. Et il avait le courage de ses opinions ; il était capable de faire face à des auditoires qui ne lui étaient pas acquis avec grande détermination et beaucoup de respect.

Bernard Hubert était aussi un homme fraternel... c'est d'ailleurs ce qui m'a le plus impressionné chez lui. Il affirmait sa pensée avec autorité et clarté, mais il savait être à l'écoute ; il savait entrer en dialogue ; il savait respecter l'opinion de l'autre. Que de fois je l'ai vu écouter des exposés qui n'étaient pas très clairs pour ensuite en dégager un aspect qui faisait avancer la discussion. Il n'y avait chez lui rien de l'idéologue, bien au contraire. Son souci de bien connaître les faits, son respect des personnes et de leurs positions lui permettaient de nuancer sans cesse sa pensée.

Tel était l'homme que j'ai connu, un homme de haute stature intellectuelle, un homme de grande charité, un homme de foi intense, un homme tout donné à son ministère d'évêque, un homme d'action qui, inspiré par l'Évangile, a travaillé à « renouveler la face de la terre ». Les pages qui suivent le feront connaître davantage aux lecteurs et aux lectrices. Qu'on sache seulement qu'entrer en dialogue avec Bernard Hubert était occasion de croissance humaine et spirituelle. La lecture de ce volume produira sans doute le même fruit chez plusieurs.

† Pierre MORISSETTE
Président du Comité des affaires sociales de
l'Assemblée des évêques du Québec

Première partie

LE COMBAT
POUR LA JUSTICE

Dès le début de son ministère épiscopal, Bernard Hubert est invité à suivre de près le dossier des affaires sociales. L'aggiornamento du concile Vatican II, les enseignements de Paul VI et le défi de la Révolution tranquille l'amènent à mettre au premier plan la solidarité avec les pauvres et la lutte pour la justice dans son engagement de croyant et de pasteur.

Les textes qui suivent reflètent ce souci constant. Attentif à suivre et à commenter l'actualité, pour ses diocésains comme auprès de ses confrères évêques, Bernard Hubert déchiffre les signes des temps à la lumière de l'Évangile. Dans les commentaires qu'il donne au journal du diocèse, alternent les appels à l'engagement et à la tolérance, l'interpellation et le dialogue.

Mais le pédagogue aime expliquer et s'expliquer de vive voix. Souvent il racontera ce qui l'a amené à prendre parti dans la longue lutte des travailleurs de Tricofil, à Saint-Jérôme. Et c'est dans le même esprit que l'évêque de Saint-Jean-Longueuil ira parler aux catholiques de l'Alberta : on l'avait invité à parler de l'unité canadienne, il a expliqué la revendication nationale du Québec et le rôle des chrétiens dans le débat sur l'avenir du pays.

L'UTOPIE CHRÉTIENNE EN 1996

Quatre invités discutaient, un après-midi, à la radio, des coupures dans l'aide sociale. Ces personnes œuvrent, les unes dans le communautaire, les autres dans des milieux syndicaux. Elles mettent en lumière l'urgence d'une mobilisation et d'une concertation de tous les groupes intéressés à la création d'emplois, à la relance économique et à l'égalité sociale. Leurs propositions rejettent le fait de compter exclusivement sur les forces du marché ou sur les initiatives de l'État. Leurs points de vue comportent des réflexions et des suggestions qui rejoignent le plan de Dieu sur le travail humain et la vie en société. À l'aube de l'Année internationale 1996 ayant pour thème *l'élimination de la pauvreté*, les croyantes et croyants reçoivent un appel à comprendre leur milieu, à y entendre le cri des pauvres et à y reconnaître la voix de leur Dieu.

Bien sûr, il n'appartient pas à l'Église d'identifier et d'imposer les mécanismes devant régir l'économie. L'Évangile est ouvert à tous les modèles d'organisation sociale compatibles avec le développement de tous les humains et de chaque être humain. Il fournit, cependant, des éclairages sur les intentions de Dieu touchant la création et les devoirs des humains dans leur gestion de la terre. Le Créateur a prévu une destination universelle pour les divers biens et il a fait les humains sans infériorité ni de classe ni de race. De toute évidence, la domination des riches, l'exclusion des pauvres, la misère humaine sont étrangères au plan de Dieu. Au Québec, la donne actuelle qui maintient 20 % de la population sous le seuil de la pauvreté, qui fait passer 6000 travailleurs par mois de l'assurance-chômage à l'assistance sociale, qui sape l'estime de soi de 11 % de la main-d'œuvre toujours sans emploi devient intolérable aux artisans de la paix et aux férus de la justice.

Du dialogue des panelistes et de l'enseignement de l'Église, je retiens l'importance de reconnaître la grande dignité humaine des pauvres. Souvent, hélas, les propos entendus ici et là expriment du mépris à l'égard des personnes sans moyens financiers et exclues des débats sociaux. Ce discours superficiel oublie que, dans le creuset de leurs souffrances et de leur dénuement, beaucoup de pauvres développent une claire vision de ce qui est essentiel dans la vie et une grande liberté vis-à-vis des manigances de certains pouvoirs. C'est vrai que des défavorisés ont parfois des attitudes égoïstes et des comportements vils, comme cela se voit ailleurs. Mais il faut fréquenter les organismes populaires pour découvrir qu'il y a aussi des pauvres qui ont une noblesse d'âme lumineuse, un respect admiratif des autres et une générosité de cœur étonnante.

L'élimination de la pauvreté ne peut pas se faire sans l'action des gouvernements ni la participation des entreprises. Elle ne pourra pas se faire non plus sans les initiatives prises par les groupes de pauvres eux-mêmes. C'est là que, dans la solidarité et la responsabilité, des personnes démunies se prennent en charge, retrouvent confiance en elles, refont un tissu social prometteur, humanisent l'économie et la société, contribuent aux valeurs essentielles à notre monde. Évidemment, des ratés se produisent. Il n'empêche que bien des groupes populaires, ici et ailleurs, constituent des microcosmes qui nous évangélisent par leur témoignage de foi, de justice et de solidarité, qui portent en germe une humanité nouvelle. L'utopie chrétienne, en 1996, interpelle nos communautés ecclésiales à raviver les racines de notre foi en Jésus le Christ. Solidaires des gens intéressés à un développement humain intégral, nous portons l'Évangile, de façon éminente, dans nos efforts pour éliminer la pauvreté.

Le 17 décembre 1995

UNE ANNÉE INTERNATIONALE DE LA TOLÉRANCE ?

L'Année internationale 1995 a pour thème la tolérance. Dès janvier dernier, il était prévisible que peu de gens trépigneraient d'enthousiasme pour des projets illustrant cette attitude humaine. Seuls quelques partisans indiquaient leur désir d'y œuvrer afin de rendre notre monde plus humain et plus pacifique. D'ailleurs, les conflits en Bosnie, aux Rwanda et Burundi, au Sri Lanka, en ex-U.R.S.S. ont montré qu'il ne faut guère pavoiser à ce sujet. Plus proche de nous, le référendum québécois a parfois suscité de vives controverses et des propos acerbes même si le tout s'est vécu dans la maturité et la paix. En chaque personne, l'individualisme tenace continue d'alimenter les difficultés économiques et les tensions sociales. Bref, les réalisations dignes d'une mention honorable touchant la tolérance apparaissent peu nombreuses. Vaut-il même la peine de dresser le bilan de l'Année internationale 1995 ?

Pourtant, ce thème et ceux qui sont proposés d'année en année par les Nations Unies ont une grande valeur exemplaire. En octobre dernier, lors de son voyage à New York, le pape Jean-Paul II invitait tous les chefs d'État à faire de l'Organisation des Nations Unies un lieu de réflexion et d'éducation pour l'ensemble des peuples en tout ce qui a trait à la morale. La toute-puissance de certains pays et l'indigence de la plupart des autres constituent un blocage permanent dans le développement de tous les humains et de chaque individu. Ces jours derniers, le philosophe Bernard-Henri Lévy soulignait que l'intégrisme, en divers endroits de la terre, menace gravement la paix. Le pluralisme et la diversité transforment en défi redoutable l'exercice de la vie en société. La proposition annuelle d'un thème de réflexion et de travail favorise la mobilisation des individus et des États pour la concertation et la solidarité entre les peuples et, aussi, entre les personnes.

Poussons notre analyse plus loin. Un regard chrétien sur l'Année internationale 1995 nous amène à dépasser les évaluations sommaires et à entendre ce que nous dit le Ressuscité présent au cœur des masses. Aujourd'hui encore, le Seigneur proclame les Béatitudes. Aux victimes de la guerre, de l'intolérance, de la misère et de toutes les ruptures, Jésus dit : bienheureux les pauvres, les doux, les miséricordieux, les cœurs purs, les artisans de paix, les assoiffés de sens, les persécutés pour la justice ; Dieu leur est présent et les libère. Pour les disciples du Christ, les souffrances des peuples et les drames humains sont les événements où la Parole devient vivante et où la foi se donne des mains. Écouter le cri des pauvres, découvrir les attentes des peuples en tension, connaître leur histoire respective, comprendre les causes des malentendus et des ruptures, combler les besoins, respecter l'adversaire et lui faire crédit, engager la communauté des baptisés au cœur du monde relève de la pratique chrétienne. Ces actions sont aussi de fines fleurs de la vertu de tolérance.

Déjà, l'Avent 1995 est à notre porte. Cette période liturgique nous sensibilise aux attentes humaines et à la venue de Dieu en notre monde. La joie s'éveille en nous. L'espérance s'exprime en termes de changements souhaités. Le cœur s'ouvre aux besoins des démunis. L'attention se centre sur Jésus qui vient. Sa présence illumine les tâches en cours. Redresser les chemins et ouvrir des voies au Seigneur équivaut aujourd'hui à combattre les préjugés, à ouvrir sa maison aux étrangers, à soutenir les faibles, à aimer ses adversaires, à se solidariser au bien commun, bref, à promouvoir la tolérance. Bien des groupes militent en ce sens et témoignent positivement du thème de l'Année 1995 : Développement et Paix, Centraide, les mouvements de jeunes, les Cuisines collectives, le Carrefour de partage johannais, Vie Nouvelle, plusieurs programmes de C.L.S.C. et un grand nombre d'autres organismes du milieu. Les chrétiennes et les chrétiens préparent Noël. Leur accueil et leur rencontre de Dieu dans la prière, la réconciliation sacramentelle et les célébrations liturgiques s'enracinent et puisent leurs sucs dans la terre où fleurit la tolérance.

Le 20 novembre 1995

26

ASSISTANCE SOCIALE ET PAUVRETÉ

Les mots souvent utilisés aujourd'hui à propos des institutions sont restructuration de l'entreprise et compressions budgétaires. De telles expressions traduisent dans le quotidien deux nouveaux phénomènes de la réalité économique : l'instauration d'une nouvelle division du travail et la révolution de l'informatique et de la technologie. Les changements provoqués pour relancer l'économie amènent parfois une croissance sans qu'il y ait infailliblement création d'emplois. Il n'est pas étonnant que les taux de chômage élevés ne diminuent pas et que le nombre des assistés sociaux et des pauvres s'accroisse. Plus grave encore, les solidarités sociales s'estompent pour faire place au chacun pour soi et à la remise en cause de l'assistance fournie aux exclus du travail.

Un Québécois sur cinq vit présentement dans une famille à faible revenu. Cela signifie que 20 % de la population consacre 58 % ou plus de son budget aux nécessités vitales que sont la nourriture, le logement et le vêtement. Ce segment de population, très souvent constitué de familles monoparentales et d'individus faiblement scolarisés, reçoit moins de 5 % de l'ensemble des revenus. On sait qu'ici comme ailleurs l'écart entre les riches et les pauvres s'agrandit sans cesse. Ce qui est différent chez nous, c'est que les jeunes s'appauvrissent alors que la condition économique des aînés s'améliore. Un membre du gouvernement québécois disait récemment que, chaque mois, quelque 6000 travailleurs passent du régime de l'assurance-chômage à l'assistance sociale. Au printemps 1994, une vingtaine de personnalités sonnaient l'alarme en signant *Sortons le Québec de l'appauvrissement.* Les conséquences de la pauvreté sont énormes. Un rapport de la Régie régionale de la santé et des services sociaux de la Montérégie souligne le lien direct entre la défavorisation socio-économique et les problèmes de santé. La prévalence des bébés de faible poids à la naissance est plus élevée chez les pauvres. L'espérance de vie des pauvres est inférieure de neuf ans à celle des mieux nantis. Au plan social, les effets de l'appauvrissement ne sont pas moindres. Lorsqu'un travailleur se retrouve en chômage ou doit vivre de l'assistance sociale, c'est toute sa famille qui est déstabilisée. Lui-même est atteint dans sa dignité et dans le sens qu'il donne à sa vie. Ses proches subissent le contrecoup. Faut-il nous étonner que certains pauvres apparaissent parfois démotivés et même déresponsabilisés par rapport à la vie en société et en Église ?

La tradition judéo-chrétienne maintient un enseignement constant à propos des pauvres. Dieu manifeste une option préférentielle à leur égard. « Voyant la misère de son peuple », Il fait alliance avec lui et prend la tête des combattants pour la justice. Faisant sortir Israël de l'Égypte et le guidant vers la Terre promise, le Seigneur se révèle aux Hébreux à même leur expérience de la liberté, de l'identité et de la responsabilité. Jésus lui-même proclame le Royaume des cieux en accomplissant sa mission de « porter la bonne nouvelle aux pauvres, d'annoncer aux captifs la délivrance et aux aveugles le retour à la vue, de rendre la liberté aux opprimés » (*Lc* 4,18). L'Évangile fait toujours un lien entre l'accueil de la Révélation et la promotion d'une vie humaine décente, la lutte pour la justice.

Mais si le désir de Dieu est d'extirper les inégalités et les injustices, pourquoi a-t-il accepté qu'il y ait sans cesse des pauvres ? L'univers qu'Il a créé est destiné à tous, et les humains qu'Il a créés libres sont appelés à faire de ses ressources une gestion responsable. Les papes et les évêques ont toujours parlé en ce sens. Paul VI affirme que tout être humain a droit sur cette terre à ce qui lui est nécessaire pour s'épanouir en humanité. Cela passe aussi par le droit au travail. La dignité de la personne humaine se développe et s'exprime par la contribution de chacun-e à l'œuvre commune exercée dans le travail. C'est le rôle des pouvoirs publics de corriger les structures qui empêchent la gestion des biens de ce monde d'être efficace, équitable et juste. Ce fut le rôle des prophètes de vilipender les rois qui ne s'identifiaient pas aux luttes pour la justice sociale.

Aujourd'hui encore, existent des structures de péché qui empêchent une juste redistribution des biens. Cela explique le sort souvent indigne des défavorisés et le mépris parfois accordé aux assistés sociaux. Les diverses instances gouvernementales, chacune selon sa compétence, ont le devoir d'aider les pauvres et de s'attaquer aux causes de la pauvreté. En ce sens, la révision des programmes sociaux doit prendre en compte les critères de l'éthique sociale ou de la morale socio-économique pour une redistribution juste et équitable des biens de même que pour une plus grande responsabilisation des personnes et des groupes. Toutefois, il n'appartient pas qu'aux autorités d'œuvrer pour la justice ; c'est le devoir de chacun-e.

Fort heureusement, « les pauvres eux-mêmes s'évangélisent ». Dans de multiples services d'entraide, des pairs travaillent ensemble, se prennent en charge, se libèrent et deviennent des personnes heureuses et vraiment responsables. Cuisines collectives, groupes d'alphabétisation, regroupements de femmes isolées, mouvements de jeunes travailleurs, associations d'assistés sociaux, services de dépannage et autres groupes permettent à des pauvres de vivre la libération de l'Exode, de bâtir des solidarités vivantes et de faire de notre société blessée un monde plus humain. Tous ces alliés nous invitent à passer d'une éthique du pouvoir et de la violence à une morale du partage et de la solidarité. Le Règne du Christ est annoncé quand l'être humain est libéré de ce qui l'opprime, tels l'argent, le mépris ; lorsque le pouvoir se fait service ; quand le partage et la solidarité sont devenus les nouveaux modes de vivre en société et en Église.

Le 25 septembre 1995

LES CONDITIONS DE LA PAIX À OKA

La crise qui sévit dans notre région a apporté beaucoup de souffrances jusqu'à ce jour. Les populations blanches de la Rive-Sud et de la Rive-Nord de Montréal sont bousculées dans leur va-et-vient de chaque jour et elles appréhendent l'avenir. Policiers et Indiens derrière les barricades passent des heures interminables sur le qui-vive et dans l'insécurité. Une famille et des amis pleurent la mort absurde d'un homme dans la fleur de l'âge. Des gouvernants s'ingénuent à dénouer une crise complexe et explosive. La population des Mohawks se demande avec angoisse quelle sera l'issue du drame et quelles répercussions leur vie collective encourra.

Comme beaucoup d'autres, les évêques catholiques du Canada souhaitent un règlement rapide et stable à cette crise. Nous voulons la paix. Non pas une paix factice imposée par la force, la peur ou la violence. Non pas une paix instable qui ramènerait tout le monde à la situation antérieure au 11 juillet 1990. Nous voulons une paix qui soit le fruit de la justice, de la vérité et de la responsabilité personnelle et collective. Notre société a le goût de la paix et l'expérience de la démocratie. Il nous faut retrouver un ordre social qui corresponde à ces valeurs. Nous ne pourrons y arriver que dans la justice, la vérité et la pratique authentique de la responsabilité.

Bien sûr, le présent conflit est entaché, de part et d'autre, de comportements qu'on peut critiquer et que, en temps et lieu, on devra analyser et juger. Les irrégularités ne doivent pas masquer l'enjeu fondamental de la crise, celui des réclamations autochtones concernant les droits aborigènes. Depuis trop longtemps, cette question difficile est laissée en plan. Nous demandons aux groupes concernés de négocier, dès maintenant, de façon sérieuse et déterminée, un aménagement équitable en cette matière. La justice est l'équilibre harmonieux et stable entre les droits des uns et ceux des autres. Les peuples autochtones ont un droit strict à participer, avec les autres peuples fondateurs du Canada, à la définition de ce que sera notre avenir. C'est ensemble que, Amérindiens et autres occupants de la terre d'ici, nous devons aménager le territoire canadien. Nous avons besoin les uns des autres.

Cela ne peut se faire, cependant, que dans la vérité. Tous les citoyens de ce pays ont le droit de savoir ce qui se passe vraiment dans notre société. Une information complète doit être accessible, en temps opportun, aux personnes et aux groupes intéressés. Par ailleurs, la vérité qui rend libre est celle qui rejette les accusations non motivées, les calomnies et les médisances, les insinuations et les demi-vérités. Respecte-t-on actuellement cette exigence fondamentale ? La vérité rend libre quand elle permet aussi la compréhension et le respect de toutes les cultures en présence et quand elle promeut la confiance à autrui, le pardon et la charité.

Enfin, la crise actuelle ne débouchera sur une paix durable que si les parties en cause s'engagent dans une attitude de responsabilité personnelle et collective. Aucune règle du jeu, aucune entente ne peuvent durer si les personnes et les groupes n'acceptent pas de répondre publiquement de leurs actes. Justice et vérité passent par des comportements responsables. En tant que citoyens, nous devons nous mobiliser pour obtenir des leaders impliqués dans le conflit actuel d'œuvrer ardemment dans le sens d'une vraie justice et d'une vérité limpide. La paix véritable est un don de Dieu. Il nous vient par Jésus ressuscité. À nous de le rendre concret par nos engagements avec les Amérindiens et nos communautés respectives dans le sens de la justice et de la vérité.

Le 29 juillet 1990

Un monde de partage et de solidarité

Quelles que soient les structures politiques que le Québec se donnera au terme de sa révision constitutionnelle, les citoyens se doivent de considérer avec attention les importantes questions du contrat social et du modèle de développement pour notre pays. À quoi servirait d'avoir consacré des années de réflexion et de recherche à notre avenir constitutionnel et politique si tout cela ne débouchait pas sur une meilleure répartition des richesses, une participation davantage responsable de la part de chaque citoyen, une liberté féconde et vraie de toutes les composantes du peuple québécois ?

Le bouillonnement social actuel est propice à la réflexion. C'est dans ce contexte que le Comité des affaires sociales de l'Assemblée des évêques du Québec rend public, à l'occasion du 1er mai, un message intitulé « Pour un développement solidaire ». Ce document pastoral s'adresse principalement aux personnes qui détiennent un poste de décideur dans la société québécoise. Le texte décrit certaines situations concrètes et met en lumière les impasses dans l'actuel développement du Québec ; il comporte des appels à des changements et valorise quelques initiatives heureuses dans la ligne d'un nouveau contrat social.

Le contenu de ce message pastoral ne ralliera pas tout le monde. Loin de là. Il peut cependant être très utile pour un dialogue sur le type de développement que nous voulons pour le Québec. En particulier, la

Montérégie est présentement en pleine effervescence. On y perçoit une volonté ferme d'autonomie et de succès, une affirmation fière de son patrimoine et de ses possibilités. Cette région est riche. Elle a le vent dans les voiles. Elle a une telle conscience de ses réalisations et de ses talents qu'elle ne parle jamais, ou à peu près, de ses propres zones de pauvreté ni du décalage grandissant entre riches et défavorisés sur la Rive-Sud de Montréal. C'est aussi le silence sur le Québec « cassé en deux » où notre région avec quelques autres îlots constitue la partie opulente du territoire québécois.

Heureusement, certains citoyens portent déjà cette préoccupation d'une solidarité des Montérégiens avec les autres Québécois et d'une responsabilité partagée avec les divers groupes sociaux de la région montérégienne. Dans la foulée du Forum québécois pour l'emploi, tenu l'an dernier, des représentants des milieux patronaux, syndicaux, sociaux, municipaux et des groupes populaires mettent en œuvre, présentement, des initiatives susceptibles de favoriser un meilleur développement économique de la Rive-Sud de Montréal et du Haut-Richelieu. La concertation de tous ces groupes, le dialogue de gens aussi diversifiés, la promotion du partenariat amènent ces personnes à confronter leur projet de société, à harmoniser leurs intérêts, à dégager des voies pour des consensus. L'opération annonce, au-delà des frictions et des méfiances, un monde de partage et de solidarité.

Est-ce là un lieu d'Évangile ? Certains croyants affirment que les évêques québécois feraient mieux de s'occuper de prière et de spirituel que de modèles sociaux et de structures économiques. L'important dans l'évangélisation est de ne jamais dissocier les valeurs évangéliques de la personne du Seigneur. Dignité, justice, partage, respect, solidarité, vérité vont de pair avec l'annonce du salut en Jésus Christ. C'est ce que nous essayons de vivre dans le diocèse en promouvant une Église davantage communautaire et missionnaire. Les efforts de la régionalisation et de la «responsabilisation» visent à la fois le développement de vrais disciples de Jésus et d'une Église ferment de société. Il est heureux que, en Montérégie, des groupes de citoyens aillent dans le sens de ces valeurs. Le 5 juin prochain, Longueuil connaîtra une initiative favorisant la multiplication des emplois. Saint-Jean va aussi en ce sens. J'appuie avec joie ces projets. J'invite les communautés chrétiennes à se sensibiliser à ces initiatives et au message épiscopal du 1ᵉʳ mai 1991 «Pour un développement solidaire».

Le 29 avril 1991

Bernard Hubert venu rencontrer les personnes qui partaient pour la marche des femmes contre la pauvreté et dont le thème était « Du pain et des roses » (1995).

LES BABY-BOOMERS
ET LES FRUITS DE L'ESPRIT

Les enfants nés après la guerre de 1939-1945 ont reçu le nom de baby-boomers. L'augmentation des naissances correspondait alors à une rapide croissance économique et sociale. Cette génération a été très différente des précédentes. C'est elle qui chantait au début des années 1970 : « C'est le début d'un temps nouveau. » Une cassure s'opérait avec le passé. Ces femmes et ces hommes, dans la grande majorité des cas, rejetaient les modes de vie, les valeurs, les croyances de leurs devanciers. Désormais, ils diront devant les défis à relever : « Ne comptons que sur nos propres moyens. » Le changement s'est fait en douceur. Avec humour et sympathie, on l'a nommé la Révolution tranquille. En réalité, la transmission de l'héritage, en particulier de la foi chrétienne, était stoppée.

Au cours des derniers mois, j'ai été frappé par le retour de la quête de sens chez les baby-boomers. À quelques semaines d'intervalle, j'ai rencontré cinq personnes de cet âge qui ne se connaissent pas mais qui ont vécu le même cheminement. Au départ, ces trois hommes et ces deux femmes avaient tout rejeté de leurs traditions familiales. Après moult expériences de vie, ces gens sont revenus à la foi en Dieu, à l'importance d'un groupe de soutien, à la découverte de l'Église. La trame commune à leur cheminement spirituel passe par la rencontre de Dieu dans un lieu de prière tel un monastère, l'accompagnement par des semblables dans un petit groupe, la confiance retrouvée en l'Église. On me dit que la quête de sens redevient une question portée par un nombre de personnes aujourd'hui. Les valeurs que saint Paul appelle les fruits de l'Esprit (*Gal* 5,22-23) apparaissent de nouveau aux chercheurs de Dieu comme des chemins de lumière.

Est-ce à dire que l'Église du Québec est au terme de sa souffrance et qu'elle verra enfin les baptisés rejoindre les rangs des communautés dominicales ? Ce serait faux espoir de penser ainsi. L'Église ne sera plus jamais la même que jadis. Le Seigneur invite ses disciples, non à la nostalgie du passé, mais à aller de l'avant avec Lui dans l'histoire. Le concile Vatican II dit de l'Église qu'elle a sans cesse à se convertir. Comme certains baby-boomers retrouvent l'Évangile auprès de témoins qui rayonnent la joie, la bonté, l'amour, de même les assidus des assemblées chrétiennes que nous sommes avons à nous laisser interpeller par la lumière du Ressuscité projetée sur nous par les nouveaux convertis. Difficile conversion dans notre fidélité à l'Église ? N'est-ce point ce que les premiers chrétiens issus du judaïsme ont eu à vivre lorsque le Seigneur leur adjoignit de nouveaux membres venant du paganisme ?

À ce titre, le cheminement de ceux et de celles qui vivent une quête de sens spirituel est éclairant pour nos pratiques pastorales. Aujourd'hui encore, se pose la question de Dieu. Qui est-Il ? Qu'offre-t-Il à notre existence ? S'Il existe, pourquoi le mal et la violence ? Il me semble évident que les réponses à ces interrogations ne viennent pas d'abord de la philosophie ni d'un exposé théologique. Les nouveaux convertis les ont reçues dans le respect et la chaleur des membres d'un petit groupe, de même que dans la foi et l'espérance de ces mêmes personnes. C'est souvent dans les partages des groupes restreints que la foi naît de l'écoute, que la Parole de Dieu apparaît vivante au cœur de notre monde. L'appel répété de l'Église diocésaine à favoriser la participation des fidèles à des petits groupes de partage n'est ni une mode ni une toquade ; il indique une voie privilégiée pour l'évangélisation aujourd'hui. L'expérience spirituelle de certains baby-boomers le confirme.

Nous entrons cette semaine dans le Carême 1993. Une fois encore, nous monterons ensemble vers Pâques. C'est toujours une route exigeante. Le Seigneur nous invite à prendre ce temps pour faire le point dans notre propre quête de sens. Il attend aussi de nous que nous utilisions les « armes » de la conversion : la prière, la justice, le partage, la réconciliation, la solidarité, la vérité. Dans ces gestes de salut et ces luttes au péché, notre amour de Dieu et du prochain se bonifie et se corrige aux contacts de l'Évangile. Les retraites du carême, les activités de Développement et Paix, les gestes de pardon, l'ascèse personnelle sont autant de chemins par où vient à nous le Seigneur. Ces pratiques, toutefois, ne deviennent un jeûne qui plaît à Dieu que si elles se libèrent du formalisme et permettent à l'Esprit de cultiver en nous les fruits tant désirés par nos contemporains : « l'amour, la joie, la paix, la bienveillance, la serviabilité, la bonté, la confiance dans les autres, la douceur, la maîtrise de soi ». En faisant de nous ses témoins, l'Esprit de Jésus rend savoureuse notre espérance.

Le 22 février 1993

GÉRER L'ENVIRONNEMENT
DE FAÇON RESPONSABLE

L'accident écologique de Saint-Basile-le-Grand a occupé les manchettes des médias durant trois semaines d'affilée. Il est rare qu'un événement de ce genre retienne l'attention aussi longtemps dans l'information quotidienne. C'est dire l'importance de l'inquiétude ressentie quant à l'avenir devant la paralysante question des déchets toxiques. C'est le signe, aussi, de la compassion vécue par le public à l'égard de la population déplacée. Il arrive si souvent qu'on laisse tomber dans l'oubli les gens touchés par la misère. Dans le cas de Saint-Basile-le-Grand, les médias nous ont aidés à « accompagner » les sinistrés.

Les chrétiens ont-ils été concernés par l'événement ? Aucune déclaration publique n'a été faite sur le plan diocésain. Aucun programme d'aide n'a été lancé dans la région pour secourir les familles évacuées. L'action s'est faite plutôt sur le plan local. Chaque paroisse a été active auprès de ses membres touchés. La prière et la présence aux sinistrés ont jalonné la vie quotidienne des communautés chrétiennes et de leurs agents de pastorale. Les militants, les pasteurs locaux et le vicaire épiscopal de la région ont suivi de très près l'évolution du drame et, à l'occasion, ils ont su apporter parole de réconfort, aide matérielle et participation à des comités de soutien.

Maintenant que tout semble rentrer dans l'ordre, y a-t-il lieu de fermer le dossier ? Des témoins directs de l'événement m'ont parlé de fin en queue de poisson. Cela serait irresponsable. Le problème des déchets toxiques est loin d'être réglé. De toute évidence, il faut que toutes les parties concernées trouvent une solution valable à l'empoisonnement de la planète. Il faut surtout que nous en arrivions à une gestion responsable des biens dans l'univers. C'est là que réside la question fondamentale. Grâce à la science et à la technique, l'homme est devenu vraiment l'apprenti sorcier. Il sait créer des forces neuves qu'il ne sait pas gérer de façon responsable. Si le profit demeure le seul mobile, une multitude de catastrophes nous attendent.

Dès le livre de la Genèse, l'homme est appelé par Dieu à être le gérant responsable des biens de la création. Cela est toujours vrai. Qu'il s'agisse de la production industrielle, des biens de la culture, du libre-échange, du nucléaire, des technologies de soutien à la reproduction humaine, de la natalité, de la vie sociale ou de tout autre domaine de la vie des humains, il y a lieu de déterminer les critères d'une vie authentiquement morale et de fixer les exigences minimales qui s'imposent aux citoyens et aux corporations quant au respect du bien commun. Les chrétiens ont un héritage particulier à offrir en partage. La Bible et la Tradition révèlent les chemins du progrès humain authentique et de la paix sociale stable.

Dans leur enseignement social, le pape et les évêques reviennent régulièrement sur les exigences de l'engagement chrétien. La prière personnelle et la rectitude morale aident à se centrer sur l'Évangile et à convertir le cœur humain mais elles postulent aussi que les hommes et les femmes disciples de Jésus en arrivent à changer le monde et ses structures pour que le Royaume s'établisse partout dans la création. Être chrétien demande que nous apportions les mystères de l'Incarnation et de la Rédemption dans toutes les réalités créées. Cela nous met en mission dans l'important champ de l'éthique concernant les questions évoquées au paragraphe précédent. Nous porterons une attention particulière à cette dimension dans la troisième étape du Renouveau.

Le 12 septembre 1988

« C'EST VERS LES PAUVRES
QU'IL FAUT D'ABORD ALLER »

*Interview publiée dans la livraison
de février 1989 de la revue RND*

*Le nombre d'incroyants et d'indifférents va grandissant.
L'Église saura-t-elle surmonter sa résignation et se mettre en
état de mission ?*
Votre question nous renvoie à tout ce qui s'est produit
chez nous depuis le début des années 1960. Je pense
évidemment à la Révolution tranquille qui a coïncidé
avec la tenue du concile Vatican II. Or, il nous faut bien
l'avouer, nous n'étions pas prêts à vivre de tels boule-
versements. Rares, en effet, sont ceux qui avaient prédit
avec précision l'ampleur des changements auxquels
nous avons assisté au cours de ces décennies. On pres-
sentait bien que des réalités étaient appelées à changer.
Mais personne ne croyait que notre entrée dans l'ère de
la modernité pourrait se faire aussi rapidement et, par
conséquent, provoquer de si profondes mutations.

À mesure qu'ils prenaient conscience de l'ampleur
des changements qui se multipliaient dans la vie de
notre collectivité, les évêques du Québec, tout comme la
majorité de leurs concitoyens, ont d'abord éprouvé un
sentiment de grande perplexité. Devant cela, au risque
d'être incompris, ils ont été plutôt silencieux. Non pas
qu'ils ne voulaient pas faire face à la réalité. Au contraire, ils ont choisi d'être très attentifs à ce qui se
déroulait sous leurs yeux, désireux d'y discerner les

appels de l'Esprit. Il m'apparaît donc injuste de prétendre que les évêques ont eu tendance à démissionner, à faire preuve de résignation devant l'inévitable. La voie qu'ils ont empruntée devait être beaucoup plus exigeante. Ils se sont appliqués, avec patience et rigueur, à dégager les chemins d'avenir. En ce sens, je crois qu'ils ont aidé notre Église à redevenir missionnaire, en acceptant, bon gré, mal gré, qu'elle soit dépouillée de ses œuvres traditionnelles. Ainsi, il leur a fallu redécouvrir un nouveau type de présence au monde. Et c'est ce qu'ils ont fait, entourés de nombreux collaborateurs, en définissant de nouveaux programmes pastoraux et en établissant un certain nombre de priorités. Humblement, ils ont cherché à mettre progressivement de l'avant une action pastorale adaptée à un monde de changements. Aussi, dans quelques décennies, lorsqu'on fera le bilan de toutes ces années, peut-être saurons-nous reconnaître cette petite voix qui, au cœur de l'agitation d'un monde qui se cherchait, a sans cesse proposé Jésus-Christ dans un esprit empreint d'une grande espérance.

Le christianisme, vigoureux dans le Tiers-Monde, semble incapable de trouver sa place et son rôle dans nos sociétés d'opulence.
Dans les pays où les chrétiens doivent lutter contre une forme ou l'autre d'oppression, il est vrai que l'Église fait preuve d'une grande vitalité. Dans notre contexte d'opulence, par contre, l'Église apparaît souvent comme une réalité plus ou moins archaïque. Chose certaine, un grand nombre de nos concitoyens mènent leur vie sans

aucune référence explicite à cette institution. Devant cela, c'est toute la mission de l'Église qui demande à être redéfinie. Il y a quelques semaines, lors d'une réunion de l'Assemblée des évêques du Québec, nous avons réfléchi sur ce thème de la mission. Le conférencier invité nous a fait remarquer que ce n'est pas la première fois que l'Église a à faire face aux exigences d'un changement dans sa façon d'être présente au monde. Ainsi, au temps de saint François-Xavier, être missionnaire, c'était convertir des populations entières. C'est bien ce que nous révèle cette réflexion : « Il me tarde de partir pour l'Inde afin de convertir ces gens. Car s'ils ne rencontrent pas le Christ, ils vont aller en enfer. » Au cœur de la mission se trouvait alors le désir de sauver le monde. Au début du XXᵉ siècle, au lieu de convertir des populations entières, on s'est mis à vouloir implanter l'Église là où elle était encore absente. Ce fut une période où les missionnaires prirent l'allure de semeurs. À l'orée du XXIᵉ siècle, cette même Église semble devoir être tout au plus un visiteur. N'est-ce pas précisément ce que fait Jean-Paul II ? Au cours de ses voyages, il veut, au nom de toute l'Église, entrer en dialogue avec ceux et celles qu'il rencontre, un peu comme Dieu le fit en visitant Abraham au chêne de Mambré ou, d'une façon plus large, en rencontrant l'ensemble de l'humanité dans l'incarnation.

En somme, dans le contexte qui prévaut chez nous, l'Église a à manifester, le plus souvent discrètement, que la personne du Christ est la réponse de Dieu aux aspirations les plus profondes de l'homme. Mais une question surgit : à qui cela doit-il être manifesté ? Car ce n'est pas tout le monde qui est disposé à accueillir ce message. Sur ce point, l'Évangile est d'une grande clarté. C'est vers les pauvres qu'il faut d'abord aller. Ce sont eux qui ont le plus besoin d'entendre la voix de Jésus Christ. Si l'Église est le signe par lequel la transcendance de Dieu se révèle, sa mission comporte une autre exigence : celle d'être le signe du Dieu vivant qui, en Jésus, s'est fait solidaire des laissés-pour-compte. Aussi, je me réjouis du fait qu'au cours des dernières années, l'Église du Canada a su prendre position en faveur de ceux et celles qui sont écrasés. Cette proximité avec les pauvres n'est pas sans ouvrir de nouvelles perspectives. Déjà, des fruits apparaissent. Et l'un d'eux est certes de rendre plus signifiante la présence de l'Église dans la vie de notre collectivité.

Les effectifs du clergé et des communautés religieuses ont chuté sérieusement. Les laïcs peuvent-ils, de façon réaliste, prendre la relève ?
Non seulement ils en sont capables mais ils le font déjà. Dans mon diocèse, nous avons connu une très forte explosion démographique. Pour en avoir une idée, il suffit de savoir que si la population du Québec s'était développée au même rythme que celle du diocèse de Saint-Jean-Longueuil, nous serions actuellement 25 millions de Québécois. Bien sûr, le nombre de prêtres, de religieux et de religieuses n'a pas augmenté pour autant. Nous avons quelques candidats au sacerdoce. Mais nos grands-séminaristes ne sont pas suffisamment nombreux pour répondre à tous les besoins de nos

paroisses. Aussi, il nous a fallu développer de nouveaux types de ressources.

À l'heure actuelle, le diocèse compte sur des centaines de laïcs, dotés d'une formation sérieuse, pour partager la tâche pastorale avec les prêtres. De sorte que le service pastoral est souvent mieux dispensé qu'il ne l'était au moment où seuls les prêtres l'assuraient. Sans vouloir diminuer l'apport du clergé, je dois reconnaître que les laïcs apportent une contribution originale dans l'activité apostolique. Ce nouveau partage comporte toutefois son lot d'exigences. Ces différents intervenants ont à apprendre à travailler en équipe, ce qui suppose beaucoup d'abnégation et de renoncement.

Une des voies d'avenir pour l'Église est donc de favoriser chez les laïcs l'éveil du sens des responsabilités liées à leur baptême. Il n'en demeure pas moins que la coresponsabilité entre prêtres et laïcs, vécue dans une même mission reçue du Christ, soulève plus d'une interrogation. Personnellement, je rêve encore du jour où un plus grand nombre de laïcs auront vraiment conscience de pouvoir être présence de l'Église au monde.

Dans une société sécularisée comme la nôtre, il est clair que l'important ne réside pas dans le fait que l'Église soit d'abord visible par un temple qui domine les édifices environnants. À quel signe Jésus a-t-il dit que ses disciples seraient reconnus ? C'est à l'amour qu'ils auraient les uns pour les autres. En ce sens, pour que l'Église réussisse à se mettre en état de mission et d'évangélisation, les baptisés n'ont d'autres choix que de consolider leur projet de fraternité en participant à la construction d'une société toujours plus juste. De cette façon, ils deviendront des témoins du Ressuscité et, du même coup, prendront part à la mission confiée à l'Église.

L'EXODE DES « BOAT PEOPLE »

Aux membres des Conseils de Fabrique
dans l'Église diocésaine de Saint-Jean-de-Québec
Monsieur le curé,
Mesdames et messieurs les marguilliers,

L'existence de réfugiés est un phénomène permanent dans l'histoire de l'humanité. La société contemporaine n'échappe pas à cette réalité. Depuis la guerre de 1939-1945, des millions d'hommes et de femmes ont fui un régime qui leur était hostile ou ont été chassés par des adversaires qui se réservaient exclusivement la terre ancestrale. Aujourd'hui, de façon massive, le Laos, le Cambodge et le Vietnam connaissent l'expatriation de centaines de milliers de leurs citoyens.

Les mass media nous ont sensibilisés à cet exode indochinois. On a même créé un nouveau nom pour ces gens qu'on appelle désormais les « boat people ». Sans oublier que le phénomène des réfugiés existe en de nombreux pays, il importe que nous nous laissions interpeller par l'expérience vécue par ces frères humains de l'Indochine. Les images télévisées et les reportages écrits sur l'odyssée des « boat people » doivent non seulement éveiller notre sympathie mais nous permettre une vision renouvelée de notre responsabilité à l'égard des réfugiés contemporains.

Le pape Jean-Paul II revient souvent sur la question des droits humains et le respect obligé des opprimés. Pour lui, la vie quotidienne de tout homme concret est sacrée car elle est participation et reflet de la vie du Fils de Dieu, Jésus le Christ. Travailler à la promotion des droits humains, aimer ceux qui souffrent, aider les délaissés et les rejetés, c'est une tâche que les chrétiens ne peuvent éviter. En effet, notre pasteur suprême affirme : « Si l'on ne peut réduire l'Évangile à la seule défense des droits de l'homme, cette défense fait partie intégrante de la mission de l'Église. »

La Bible nous fait voir comment Dieu lui-même s'est associé à la cause des réfugiés. Le récit bouleversant de l'Exode révèle un Dieu qui n'est pas insensible à la misère de son peuple. Le Dieu d'Abraham s'identifie à la sortie d'Égypte par Israël. Pourrions-nous croire que le Dieu de Jésus-Christ, celui de notre foi, est moins sensible, moins présent aujourd'hui à la détresse de nos frères réfugiés ? Jésus le ressuscité, le Fils du Père, est vivant. Il est là sous les traits du pauvre. Il nous parle dans les appels angoissés des réfugiés. Il invite les hommes de bonne volonté à chercher son visage et à le découvrir grâce au service concret des démunis (*Mat* 25).

Déjà, plusieurs organismes ont posé des gestes pour aider les réfugiés indochinois. Des paroisses ont pris l'initiative de parrainer la venue chez nous d'un ou de quelques réfugiés. Je me réjouis de cette action. J'en félicite les responsables. Je souhaite que leur exemple entraîne les autres paroisses à faire de même. À cet effet, je vous demande d'étudier en Conseil de Fabrique comment votre communauté paroissiale peut aider les chrétiens d'ici à manifester leur solidarité avec les réfugiés indochinois. Bien des actions sont possibles.

Les expériences récentes de certaines paroisses le montrent. Ici, on a sensibilisé les fidèles à la réalité de l'exode vietnamien. Là, on a fait des collectes de fonds pour aider des comités de parrainage de réfugiés. Ailleurs, on a invité des chrétiens à préparer tout ce qui était nécessaire à l'accueil de la famille parrainée. Des pasteurs et de nombreux paroissiens peuvent témoigner des actions menées et des engagements manifestés. En somme, des fidèles aux appartenances ecclésiales plus ou moins nourries ont collaboré à la venue et à l'accueil de réfugiés indochinois. Au dire de plusieurs, ce fut une action mobilisatrice pour une partie importante de la paroisse et une occasion de s'ouvrir avec générosité à une exigence de justice sociale qui peut devenir occasion d'éduquer la foi des participants.

Que des paroisses s'engagent dans le parrainage autorisé par les gouvernements canadien et québécois n'est pas une action de diversion par rapport à la mission de l'Église. Au contraire, c'est une occasion de pratiquer la justice à l'égard d'hommes et de femmes démunis et de proposer aux fidèles de la paroisse un agir collectif susceptible d'intensifier les liens communautaires. Aussi, j'invite chaque paroisse du diocèse à choisir une ou quelques initiatives utiles à l'accueil de réfugiés et à les mettre en œuvre avec l'aide de coparoissiens dans un comité d'accueil des réfugiés.

Afin de vous aider dans cette tâche, un dossier a été préparé au Centre diocésain. Il comprend une feuille d'informations sur le parrainage d'une famille indochinoise, la levée de fonds pour aider les organismes qui s'occupent de parrainage, les formalités auxquelles il faut souscrire pour parrainer la venue de réfugiés, etc. On y trouve aussi le document que les évêques canadiens ont publié récemment sur la question « des étrangers parmi nous ».

Si vous croyez possible, en tant que paroisse, de participer au programme de parrainage, n'hésitez pas à le faire. Votre action sera fort utile et elle est de nature à faire croître la vie de l'Église en votre milieu. Si vous devez opter pour une action plus réduite, j'imagine que celle-ci pourra inclure une quête spéciale aux messes d'un dimanche. L'argent recueilli à ce sujet pourra être donné au comité d'accueil d'une paroisse qui entend parrainer une famille de réfugiés, ou à Développement et Paix pour son secours aux réfugiés, ou encore à moi-même pour le parrainage de séminaristes indochinois qui sont actuellement dans des camps de réfugiés.

Je vous remercie de l'attention que vous donnerez à cette lettre. J'ose croire que vous pourrez en considérer le contenu dans un délai rapproché. Je demande au Seigneur de vous être présent et de vous faire connaître la joie et le succès apostoliques.

Entièrement vôtre dans le service du Christ et de son Église qui est à Saint-Jean.

+ Bernard Hubert
évêque de Saint-Jean-de-Québec

Le 2 août 1979

LES PRATIQUES DE JUSTICE
AU CŒUR DU MONDE

Convoqué pour célébrer le vingtième anniversaire de la clôture du concile Vatican II, le Synode extraordinaire de 1985 aura été l'occasion de faire le point sur la mise en œuvre du virage amorcé par le concile. L'évêque de Saint-Jean-Longueuil a déposé le texte de cette intervention le 2 décembre. Nous le reproduisons tel que publié dans la revue L'Église canadienne (vol. 19, nº 8).

« L'Église partage le sort terrestre du monde. Elle fait route avec l'humanité. Elle est comme le ferment et, pour ainsi dire, l'âme de la société humaine, appelée à être renouvelée dans le Christ et transformée en famille de Dieu. » (Vatican II, *Gaudium et Spes*, nº 40) Que le chemin soit plus difficile que prévu, que les obstacles se multiplient, que l'on n'avance qu'à petits pas à travers les broussailles, aucune situation de ce genre ne permet aux chrétiens de laisser leurs sœurs et leurs frères à eux-mêmes et de rentrer calmement chez eux. « La création tout entière attend la révélation des filles et des fils de Dieu. » (*Ro* 8,19)

Ce monde auquel les chrétiens appartiennent est confronté à des problèmes dont la solution ne peut venir que de solidarités étendues et de décisions éclai-rées, parfois déchirantes : la famine, la menace de conflit nucléaire, la dette des pays du tiers monde, des guerres territoriales interminables, le terrorisme, un chômage massif, la forte inquiétude des jeunes face à l'avenir, le retour aveugle aux lois du marché. Bon an, mal an, des pays pauvres sont de plus en plus pauvres, des pays riches de plus en plus riches.

Devant cette situation qui provoque de multiples souffrances pour les hommes et les femmes de notre temps, en particulier les jeunes et les enfants, nous, évêques, ne pouvons nous taire ni réduire nos préoccupations à la vie interne de l'Église. Il nous faut porter un message d'espérance à ce monde et soutenir tous les chrétiens et toutes les chrétiennes, tous les hommes et toutes les femmes de bonne volonté qui travaillent à bâtir une cité plus juste et plus fraternelle et qui favorisent le passage de conditions moins humaines à des conditions plus humaines (Paul VI, *Populorum progressio*, n° 20).

Notre prise de parole en ce domaine pourrait remettre en lumière une affirmation du Synode de 1971 sur la justice qui n'a pas toujours été gardée en mémoire ecclésiale : « Le combat pour la justice et la participation à la transformation du monde apparaissent pleinement comme une dimension constitutive de la prédication de l'Évangile. » (no 7) À cause des liens étroits entre évangélisation et promotion humaine, on ne peut séparer ni opposer la cause de Dieu à la cause de l'homme. Même si la tâche est complexe, les disciples de Jésus ne doivent pas se dérober à réaliser la justice et à transformer le monde selon les valeurs de l'Évangile.

L'expérience des évêques canadiens

En invitant les Pères synodaux à inclure ces perspectives dans leur message au monde, je ne veux pas cacher les difficultés que les évêques canadiens ont rencontrées dans l'application des orientations du Concile sur le rapport Église-Monde et de l'option pour les pauvres. De tels obstacles font partie intégrante de « la route quotidienne de l'Église » menant au véritable service de l'humanité. Permettez-moi donc de vous signaler certains aspects de l'expérience canadienne observés lors de la rédaction des messages sociaux de l'épiscopat et dans les pratiques des chrétiens et des chrétiennes ainsi que des mouvements et communautés.

Invités par Paul VI à analyser la situation propre de leur pays et à discerner les options et les engagements qu'il convient de prendre pour opérer les transformations sociales, politiques et économiques qui s'avèrent nécessaires (Paul VI, *Octogesima adveniens*, n° 4), les évêques canadiens ont publié sur ces sujets plusieurs lettres pastorales au cours des dernières années. Selon les publics visés, les textes ont été préparés et signés, soit par un évêque agissant individuellement, soit par quelques évêques de diocèses limitrophes, soit par les évêques d'une même région pastorale ou la conférence épiscopale du pays. Cet important service pastoral a été exigeant, mais il nous a beaucoup appris. Nous avons reçu des critiques. Quelquefois, nous-mêmes n'étions pas satisfaits. Nous avons quand même voulu continuer cet effort afin de défendre vraiment la dignité de la personne humaine et le sens profond de l'activité humaine dans toutes les sphères de la vie en société.

De quelques difficultés

Les défis que nous avons rencontrés dans cette tâche et que nous cherchons encore à relever sont les suivants : assurer une véritable participation des communautés chrétiennes et celle des chrétiens ayant des compétences particulières pour la réflexion, la préparation, la diffusion et la réception des textes ; poursuivre l'étude quant à l'utilisation des sciences, leur autonomie étant sauve, dans le discours éthique ; bien cerner les critères d'utilisation de l'Écriture ; continuer à collaborer en ces domaines avec les autres Églises chrétiennes ; éduquer au dépassement d'une morale purement individualiste et promouvoir l'aspect éthique de toute activité, qu'elle soit économique, politique, religieuse, scientifique, culturelle ou militaire ; devenir capable de poser adéquatement la question éthique au moment même où se prennent les décisions qui vont marquer irrémédiablement les conditions futures de l'homme sur cette terre.

Ce dernier défi est majeur. Il exige que nous soyons très attentifs à ce qui se passe dans les hauts lieux du savoir et de la recherche, de la politique et de l'économique. Il ne serait guère prudent de guider ou d'interpeller qui que ce soit sans bien connaître la réalité et ses conséquences elles-mêmes. Nous avons souvent l'impression d'être en retard sur l'information. Il nous faut davantage compter sur l'apport et la réflexion des chrétiens qui œuvrent au cœur des institutions séculières. Avec leur aide, nous devenons capables de poser, avec plus de justesse et de crédibilité, la question de la condition de l'homme dans les développements technologiques et scientifiques qui se multiplient maintenant à un rythme effarant et qui ont des conséquences sur la culture, l'environnement et le fonctionnement des sociétés. Nous pensons de façon particulière aux révolutions qui touchent les domaines de l'informatique et de la génétique.

Cette démarche auprès des élites ne suffit pas. Elle doit aussi s'alimenter à l'action et à la réflexion des mouvements et des communautés œuvrant à la base. Nous avons constaté, cependant, qu'il n'était pas aisé de concilier les apports indispensables des uns et des autres et de favoriser une concertation directe entre des personnes ayant des voies de formation si différentes. Et pourtant, on ne peut faire fi ni des uns ni des autres, tout au moins dans le contexte canadien.

Relativement aux pratiques sociales, il existe parfois un certain malaise devant l'action des communautés, des mouvements et des groupes de chrétiens. Ce malaise est souvent dû au fait que l'on n'est guère habitué, en Église, à des actions comme celles-ci : promouvoir la moins mauvaise des solutions, s'appuyer sur des analyses qui ne soient jamais définitives et complètes, accepter que, malgré la bonne volonté, une action puisse devenir un échec ou encore que son choix s'avère ultérieurement mauvais.

Dans l'entreprise de construire le monde, les chrétiens n'ont pas toutes les réponses. Bien sûr, ils savent nommer ce qu'ils recherchent : la dignité de la personne, la paix, la liberté, la justice, la solidarité. Mais c'est avec l'ensemble des femmes et des hommes de bonne volonté qu'ils doivent analyser les situations, déterminer les orientations, travailler, évaluer, corriger et, souvent, reprendre la tâche. Des conflits et des disparités naissent, se développent, sont mis en évidence au cœur de l'action. Cela nous rend parfois hésitants. Pourtant, ne sont-ce pas là des coordonnées de l'engagement que nous découvrons dans nos propres pratiques à l'intérieur de l'Église ? Il nous faut les assumer dans des comportements animés par l'Évangile, les porter dans la prière et les vivre dans la patience, la charité et l'espérance.

Un service à l'humanité

Ces difficultés que nous avons voulu partager avec vous ne doivent aucunement arrêter les projets ni réduire les engagements. Au contraire, une perception exacte de la réalité devrait inciter les communautés chrétiennes à continuer leur service à l'humanité. Les prises de position du pape Jean-Paul II sur différentes questions sociales, économiques, politiques, culturelles ont favorisé au cours des dernières années la crédibilité de l'Église et une juste compréhension de ce qu'est la pratique chrétienne. Il importe que les Églises particulières et les communautés chrétiennes accueillent ce témoignage et le reproduisent elles-mêmes pour être au cœur du monde « une Église servante et pauvre ».

Le présent Synode célèbre Vatican II. Les dynamismes spirituels apportés par le Concile animent encore l'Église d'aujourd'hui. Un message pastoral viendra, dans quelques jours, dire aux femmes et aux hommes de notre temps ce que les pères synodaux entrevoient comme action de l'Église dans le proche avenir. Ce message, même bref, ne devrait-il pas affirmer, entre autres, la volonté des chrétiens de participer à la construction du monde en donnant priorité à deux des problèmes les plus urgents de l'heure : la dette du tiers monde et la menace de conflit nucléaire ?

L'avenir de l'humanité est en jeu dans ces questions. Il appelle des consensus et des conversions nécessaires. Saurons-nous trouver là l'Esprit Saint qui vivifie l'Église et, par elle, achemine le monde vers le Royaume de Dieu ?

LA DIALECTIQUE DE L'ENGAGEMENT

Article publié par la revue « Appoint » dans son numéro de novembre-décembre 1978.

Notre passage d'une société stable à un monde en constant changement a d'abord été célébré dans la joie. Après avoir connu la vie tranquille des années 50, beaucoup de Québécois acceptent la « révolution tranquille » comme un projet de rénovation sociale bien pertinent. Ils y voient l'occasion de réaliser le rêve ancien d'un monde neuf. Ils y découvrent aussi les dynamismes liés au phénomène des projets et l'importance du collectif.

Assez tôt, cependant, les participants au nouveau contrat social se voient soumis à des forces contraires au cours de la dynamique qui se développe. Les uns, bousculés par les conséquences des changements en cours, se replient autour de certains acquis qu'ils vont défendre avec de plus en plus de vigueur. Ils sont mus par une force centripète. Les autres, inquiets de ne pas parvenir rapidement au but visé, deviennent de plus en plus virulents et radicaux dans leurs revendications et dans la promotion des solutions qu'ils préconisent. De la composition de toutes les forces qui les animent, c'est la force centrifuge qui, à la fin, résulte.

Plus la dynamique sociale devient vive, plus la polarisation s'établit. Aussi, il n'est pas étonnant qu'au Québec nous assistions présentement à la formation de groupes auparavant inconnus chez nous. Une gauche, une droite ; une extrême-gauche, une extrême-droite.

Certains ont cru qu'ils étaient des produits importés. Même si, ici et là, on trouve des militants qui parlent avec un accent autre que québécois, il n'empêche que le « gros des troupes » est formé de gens de chez nous. Notre évolution sociale récente a secrété des fruits que notre milieu portait déjà en germes.

Ce qui est nouveau, c'est de découvrir qu'une société ouverte porte des germes contradictoires et que, inévitablement, ceux-ci vont donner naissance à des comportements propices à des conflits. Dans une société démocratique, il est inéluctable de rencontrer des points de vue divergents qui deviendront des lieux d'anathème et de conflit. La force de ses convictions et les intérêts du militant ont vite fait de créer une opposition à d'autres qui, d'un point de vue différent, sont aussi convaincus et engagés.

Comment le chrétien peut-il vivre ces conflits tout en demeurant fidèle à l'Évangile ? Est-il obligé d'entrer dans une dialectique de lutte pour demeurer dans une cohérence et une solidarité qui soient vraies ? Peut-il s'inscrire dans le combat pour la justice et répudier la lutte des classes ? Autant de questions qui hantent de nombreux chrétiens qui entendent l'appel à l'engagement pour la justice et demeurent perplexes devant les choix à faire. Ici, ils optent pour une action solidaire avec les divers groupes en présence. On les qualifie de « réformistes » ou de « réactionnaires ». Là, ils croient à la nécessité d'un changement social en profondeur. On leur prêtera facilement le nom de « marxistes ». Quant à ceux qui désirent instaurer un autre type de modèle social, on les affublera du qualificatif d'« utopistes ».

Il faut dire que, dans l'Évangile, le Seigneur Jésus n'a pas fourni beaucoup d'indications pour résoudre semblables questions. Il y avait du temps de Jésus, des engagés sociaux de types variés. Le Seigneur n'a privilégié aucun des chemins empruntés par ces groupes. Il a montré un comportement de fidélité à son Père davantage marqué de valeurs et d'attitudes que d'une idéologie ou d'une méthode de changement social. Pour lui, la libération des pauvres passe par la conversion du cœur et réciproquement. Aussi, il se présente lui-même comme la voie pour entrer dans le Règne de Dieu. Son amour des petits, des malades, des pécheurs est de la même nature, de la même foulée, que celui de son Père. Ce qui est premier en lui, ce n'est pas la méthode ou l'identification à un groupe donné, c'est « le Royaumne et sa justice ». Sa prédication s'adresse à tous : pharisiens et publicains, judéens et samaritains. Il est prêt à s'associer à quiconque pour l'établissement du Règne pourvu que cette personne assume le plan du Père révélé dans l'Évangile.

L'Église n'enseignera pas autre chose. L'an dernier, les évêques canadiens, dans leur déclaration pastorale « Une société à refaire », s'adressaient aux chrétiens du pays en reconnaissant, de façon pratique, des choix politiques multiples. Déjà, le Synode 1971 sur la justice dans le monde avait affirmé que toutes les options politiques respectueuses du bien commun et de l'homme sont libres. Aussi, les membres de l'épiscopat canadien chercheront-ils à montrer, non pas la pertinence de telle pensée sociale, mais, à l'intérieur de ces divers sytèmes économico-politiques, comment le chrétien qui a choisi de militer selon tel schéma doit surveiller certaines embûches et promouvoir telle dimension de l'Évangile. La règle qui gouverne les chrétiens dans les choix sociaux est à la fois simple et exigeante. Elle commande de souscrire aux valeurs évangéliques prises de façon globale. De fait, quel que soit l'engagement, il est un peu facile de couvrir son action en prenant exclusivement une exigence du Règne de Dieu. La réalité est plus difficile à vivre et elle oblige à un constant ressourcement en Christ. L'Évangile est une totalité. Il comprend donc une militance dans une option pour la justice, option respectueuse de ce qu'est l'homme, une solidarité réelle avec les assoiffés, les affamés et les artisans de paix, de même qu'une ouverture incessante sur Jésus et l'incroyable conversion de l'adversaire. L'apparente naïveté de la foi en l'action de l'Esprit qui convertit les cœurs ne s'oppose pas à la franchise et à l'ardeur dans les luttes pour la justice.

Je sais que, concrètement, pareille affirmation n'est pas agréée de tout groupe de militants. Au contraire, d'aucuns dénoncent cette approche de l'Évangile, y voyant là un appel irréaliste à la fraternité universelle alors qu'on est en plein combat, une parole démobilisante dans un monde où il est difficile d'engager les hommes pour la justice. Ces divergences profondes dans la communauté chrétienne viennent du fait que l'on a abstrait de « la base » le vécu des gens et que l'on a structuré les conflits exclusivement à partir de généralisations de la réalité sociale. Bien sûr, il existe des classes sociales. De même, certains intérêts sont inconciliables. Mais pourquoi faudrait-il résoudre les problèmes uniquement à partir des grands ensembles ? Sans renier le parti pris chrétien pour les pauvres, pourquoi, vous et moi, ne pourrions-nous pas, chez vous et chez moi, nous retrouver pour vivre le même Évangile, les mêmes luttes pour la justice, au-delà des identifications et des appartenances sociales ?

L'engagement des religieux dans le combat pour la justice connaîtra ici son test de vérité. Les religieux québécois appartiennent généralement aux classes moyennes. Ils vivent la plupart du temps comme des gens des classes moyennes. A quel titre, et à quel prix, les religieux peuvent-ils s'engager dans la promotion de la justice sociale ? Il me semble que c'est dans la perspective où ils se reconnaissent solidaires à la fois des petits et de ceux avec qui ils vivent habituellement qu'ils pourront être vrais et efficaces dans leur action évangélique. Être solidaire des pauvres signifie qu'on a entendu l'appel de ceux-ci à une vie sociale pleine et adulte et qu'on veut partager le long chemin de ces gens vers la libération et la liberté. Être solidaire de ceux avec qui on vit implique qu'on se rende responsable des comportements de groupe de ces derniers dans la promotion ou l'arrêt du Règne de justice. La double appartenance n'est guère facile mais elle constitue le lot du chrétien. Dans des appartenances d'ordres différents et d'orientations inconciliables, Jésus a montré les fruits de solidarités inhérentes à l'Évangile.

En tant que chrétiens, nous sommes appelés à vivre en communion les uns avec les autres. Notre unité n'est cependant pas faite. Elle nous est donnée en espérance. Cela signifie, non pas que les luttes d'ici-bas empêchent l'unité et renvoient celle-ci dans un Royaume tout autre que celui-ci, mais que, dans la fidélité aux pauvres avec qui nous cheminons, nous annonçons au cœur et dans un au-delà des engagements vécus, une nouvelle réalité qui est celle du Règne de Dieu. Cette réalité est déjà perceptible chez ceux qui vivent du Christ. À nous de la voir, de la rendre plus manifeste et d'en faire la motivation de notre action concrète.

POURQUOI L'ÉGLISE S'EST-ELLE INTÉRESSÉE À TRICOFIL ?

Dans le monde du travail, il y a un malaise croissant. Bien sûr ! j'ai rencontré des personnes heureuses dans leur travail. Personnellement, je me définis comme un homme très heureux dans ce qu'il a à accomplir. Ce n'est pas vrai que des prêtres ou des animateurs dans des communautés. Dans le monde industriel, il se trouve des entreprises petites ou moyennes où le climat est bon. En janvier, nous avons eu une journée pastorale qui portait sur le monde des travailleurs. Des employés syndiqués de la Bendix, le président et le secrétaire d'une multinationale qui fabrique des roulottes ont donné le témoignage que les travailleurs sont heureux en respectant une convention collective. Il ne faudrait donc pas généraliser en déclarant que le monde du travail est émietté au point qu'on ne peut plus y vivre un épanouissement. Mais en considérant le travailleur de l'industrie et de l'enseignement, on s'aperçoit du malaise ; la durée et la dureté de certains conflits sont des symptômes.

Nous ne sommes plus dans un rapport de forces économiques qui sont équilibrées : ou bien un syndicat trop fort risque de faire périr l'entreprise, ou bien un syndicat trop faible n'est pas en mesure de défendre ses droits face à une puissante corporation. Par exemple, la grève à l'United Aircraft, qui a duré vingt mois, n'a pas réussi à nuire à la production des moteurs d'avion ; la compagnie n'a pas souffert dans sa production car elle a pu compter sur des usines qui pouvaient faire la production des moteurs ailleurs ; et le syndicat n'était pas en mesure de tenir le coup après avoir déclenché la grève ; enfin, comme la compagnie tient à avoir un bon nom dans l'opinion publique, elle a fini par consentir à négocier une entente.

Dans beaucoup de milieux de travail, nous sommes dans le chaos, les règles du jeu sont changées, une opposition croissante existe entre le capital et les forces du travail. En de multiples endroits, l'entreprise est devenue un lieu d'affrontement, de lutte et de haine. Le travail donne lieu non plus à la concertation entre les parties prenantes de l'entreprise mais à des affrontements où l'adversaire s'emploie à obtenir la chute de l'autre.

Le même malaise se produit dans d'autres univers sociaux. Quand on fait l'analyse de la Révolution tranquille dans la société québécoise, on constate qu'il y a eu au Québec de grands projets. L'opération 55 pour la régionalisation de l'enseignement secondaire, la création de collèges publics, qui devaient être accessibles à toute la population, l'importance donnée à l'éducation permanente, à des projets comme celui de multi-media, tout cela prouve qu'on n'a pas voulu lésiner sur le grand projet scolaire.

Le monde social n'a pas voulu être en reste : dans chaque région, on a créé un conseil des services sociaux et de santé ; dans des municipalités ou des agglomérations d'environ 40 000 personnes, on a voulu qu'il y ait des centres de services sociaux, des centres hospitaliers, des centres d'accueil pour des jeunes qui avaient besoin d'un foyer ou pour des personnes âgées. On a parlé de 100 000 emplois dans l'espace d'un an, de l'aménagement de la Baie James, le projet du siècle. De très grands projets qui portaient des espoirs, celui entre autres de la participation du citoyen. Ils ont fait place à la déception, à l'amertume et finalement à un retour à la centralisation. Cependant la réalité n'est pas faite que de déception et d'amertume. Ces grands projets avaient du souffle. Il serait injuste à l'égard des enseignants, des responsables des centres hospitaliers, des centres de services sociaux de parler de bureaucratie et de déshumanisation des services. Au contraire, peut-être n'avons-nous jamais franchi le seuil qui était nécessaire pour être véritablement face à un authentique programme scolaire collectif et à un projet social.

Le Québec connaît une crise sociale se manifestant dans la distorsion apportée par le fait que différents types de société sont concomitants. Il y a encore beaucoup de gens au Québec qui réfèrent à la stabilité et qui s'opposent à des changements rapides par leurs revendications en faveur d'une société traditionnelle. L'élaboration d'une charte pour définir les droits de la personne, la force du féminisme montrent que beaucoup de gens s'inspirent de la société libérale. Les projets créant les régionales au secondaire, les collèges publics et les conseils régionaux des services de santé, et la bureaucratie qui est nécessaire pour donner suite à ces différents services manifestent une société technocratique. L'analyse de certains documents de la Centrale des enseignants du Québec comme le *Manuel du 1er mai* ou *L'école au service de la classe dominante*, ou des textes importants de la C.S.N. dénotent que les personnes qui aspirent à donner un modèle au Québec s'inspirent de la société collectiviste. Et devant les espoirs suscités par la participation possible en différentes instances : des collèges, des comités d'école, des centres hospitaliers, on voit aussi une aspiration à une société de participation. Tout cela existe en même temps mais sans qu'on ait dégagé un consensus ; il n'y a plus de contrat social au Québec qui soit partagé par l'ensemble de la population. On peut bien parler de l'importance des grands projets québécois, ils sont encore à venir. Les énergies sont accaparées par ces différents types de société. Aussi a-t-on fait diversion par rapport aux vraies questions. On cherche à créer de petits modèles, on s'amuse à changer des structures ; et les questions de justice et de gestion responsable des biens restent implicites.

Cette crise sociale vient aussi d'une crise culturelle. Depuis quinze ans, on a adopté des façons nouvelles de définir des valeurs. Quand on parle de l'amour, on le fait d'une façon bien différente de celle qu'on avait il y a vingt ans. La vérité, au début des années 1960, était encore une conformité à un état objectif : était vrai ce qui correspondait à des normes. Aujourd'hui, une chose est vraie si elle se rapproche du vécu. La fidélité, on la définissait par rapport à autrui ; aujourd'hui, on est fidèle à soi-même. De nouvelles valeurs sont apparues et sont favorisées par les mass media. Notre société de production et de consommation est pleinement axée sur le profit. La valeur la plus importante chez plusieurs est devenue celle du changement. Cette crise culturelle nous mène à une société où il y a absence de finalité.

Nous sommes entrés dans un monde de sécularisation et, à l'intérieur de ce monde où l'on doit trouver toutes les normes pour expliquer ce que l'on vit, il y a place pour un pluralisme indéfini. À grands traits, sous forme de caricature, voilà ce que me paraît être la situation de crise que nous vivons ; et, pour moi, le mot « crise » n'est pas péjoratif ; c'est une remise en question qui est radicale, c'est le fait d'être retourné en tous sens pour découvrir ce qui est essentiel ; d'ailleurs ce mot « crise » vient d'un verbe grec qui veut dire juger, évaluer. Nous sommes dans une période où la société est secouée pour remettre en lumière ce que sont les assises importantes.

Quelle est la mission de l'Église dans ce monde-là ?

La mission de l'Église, c'est, selon moi, de créer un nouvel ordre social non pas par elle-même mais à partir des forces vives qui travaillent la société, de se concerter avec ces forces non pas pour les annexer, pour les faire siennes, mais pour qu'elles aboutissent à une société humaine et juste.

Et je voudrais appliquer ce nouvel ordre social au monde du travail. En réfléchissant pour préparer cet exposé, je me suis arrêté pour me demander si, dans le monde du travail au Québec, on ne pourrait pas défi- nir les éléments d'une charte pour les droits du travailleur.

J'en ai relevé plusieurs. Il serait peut-être difficile cependant de les faire accepter comme faisant partie d'une charte mais, par ailleurs, si on les prenait par la négative, on ne pourrait pas nier, me semble-t-il, qu'un travailleur y ait droit. Pour la personne, c'est un droit de demander la dignité du travailleur plutôt que de subir la situation de l'assisté social. Dans un monde industriel très changeant, ne pourrait-on pas dire que le travailleur a le droit d'appartenance à sa communauté naturelle ? Mais ces droits qu'on devrait trouver dans une charte des droits des travailleurs ne sont pas liés uniquement à ce que le travailleur est comme personne. Il est lui aussi partie prenante de l'entreprise. Quand on regarde les raisons sociales, on réduit habituellement l'entreprise au capital et à ceux qui possèdent le capital. Sans l'apport du travailleur, il n'y a pas d'entreprise. Le travailleur ne pourrait-il pas avoir égalité de chances comme de risques dans l'entreprise ? N'a-t-il pas droit à l'information au sujet de ce qui se passe dans l'entreprise ? Dans les pays occidentaux de l'Europe, on est beaucoup plus avancé que nous sur la participation du travailleur à l'entreprise. Le travailleur n'a-t-il pas un droit de participation à la gestion par l'intermédiaire d'un comité d'entreprise ? Il y a des droits à des solutions de rechange quand une usine doit fermer. Est-ce que ce n'est pas là la responsabilité d'un gouvernement de voir comment évolue l'économie pour que, dans tel secteur d'activités économiques, si on doit procéder à une diminution, il y ait des solutions de rechange pour tous ceux qui vont être les derniers à apprendre que là s'arrête l'entreprise ?

Si les travailleurs s'organisent pour une usine auto-gérée, est-ce qu'ils n'ont pas droit à des subventions dans la mesure où ils respectent les critères ?

Il y a un nouvel ordre à créer dans le monde du travail. Il faut procéder à une réforme dans l'entreprise parce que celle-ci joue un rôle central dans la société ; elle est très souvent un agent d'expansion économique, un instrument d'innovation dans le milieu, un instrument de promotion des personnes. Il y a lieu de procéder à un débat ouvert sur cette question. Qu'on soit en mesure de réviser ce qu'est la participation de tous ceux qui sont parties prenantes dans une industrie, dans quelle mesure on voit à la qualité des relations humaines dans ce secteur et que l'on assure la créativité de ceux qui ont la gestion comme de ceux qui sont appelés à apporter une action complémentaire.

L'Église s'intéresse à une question comme celle-là parce qu'il est manifeste qu'il y a une injustice criante dans l'exploitation des ressources non pas seulement au Québec mais à l'échelle du monde. Les évêques canadiens, depuis quelques années, ont mis cela en lumière. Si les pays pauvres ne réussissent pas à s'en sortir, ce n'est pas uniquement parce qu'ils n'ont pas le courage de prendre leurs responsabilités ; c'est que les structures sont organisées de telle sorte que toute initiative prise en ce sens est rapidement paralysée. Le climat social dans le monde du travail au Québec est si mauvais parce que des gens, dans leur sensibilité, ont découvert qu'en plusieurs endroits dans l'entreprise, on n'a pas donné à chacun ce qui lui revient. L'Église s'intéresse à cela parce qu'il faut changer certaines structures à beaucoup d'endroits. Tricofil offre une expérience de pointe qui peut servir de modèle.

Je terminerai en établissant ce qui me paraît être les conditions d'un nouvel ordre social. C'est d'abord au plan local qu'on doit changer ; et c'est par les responsabilités quotidiennes immédiates au niveau de chaque personne que se réalisent efficacement des projets mis en œuvre. Nous transformerons notre société en un monde où il fait bon vivre dans la mesure où nous aurons eu des projets à notre mesure. Il faut faire la preuve chez soi et, si l'on est responsable, on aura résolu des problèmes.

Il faut changer certaines structures mais surtout les attitudes des personnes. Cela prend du temps et exige des vertus chrétiennes pour régler des conflits d'intérêt, pour résoudre le froid créé entre des personnes ; à tout moment, il faut être miséricordieux, il faut aimer l'autre, il faut rétablir la justice. Une expérience comme Tricofil ne se fait pas sans la présence de Jésus ressuscité. L'Évangile, c'est la réalité de la vie et, à Tricofil, on vit les exigences des béatitudes.

Anciennement, le travail se vivait dans un milieu très humain, où chacun se dépensait selon ses capacités. Aujourd'hui, l'insertion sociale, c'est le travail organisé. Chantier 77 veut être l'occasion d'une réflexion et d'une action pour aider à instaurer la justice dans un nouvel ordre social. Si nous nous arrêtons aux marginaux sociaux, immigrants, anciens détenus, et si nous examinons l'attitude de notre société face à ces groupes, ne faudrait-il pas nous demander si le Québec ne veut pas faire une société qui soit un rouleau compresseur qui anéantisse ceux qui ne pensent pas comme lui ? C'est avec ces gens-là que les chrétiens peuvent le plus efficacement bâtir des projets sociaux qui changent profondément d'abord le milieu local puis, en définitive, toute la société.

C'est là, dans ce tissu social, que devrait se situer notre engagement chrétien et, si l'on réussit à être une Église au travail, on devient une espérance pour la société et pour le monde.

Valleyfield, le 14 février 1977

L'Église et la question du Québec

Lorsque sœur Aline m'a invité à venir à Edmonton parler de la vie politique au Canada et de l'unité canadienne, j'ai accepté après quelques hésitations, considérant qu'il y avait là un dialogue important à entretenir. Les membres de l'Église, qu'ils soient laïcs, religieux, prêtres ou évêques, sont partie prenante de la société dans laquelle ils sont appelés à vivre. Ils sont donc engagés dans la vie de la cité ; la vie de la cité, c'est la politique : non pas celle des formations partisanes qui présentent des programmes afin de faire élire des représentants qui assumeront le gouvernement de la cité, mais en un sens plus large celle qui englobe les dimensions économique, sociale et culturelle de la vie en société.

Le rôle des évêques dans la vie politique n'est pas d'indiquer quels sont les choix concrets ou partisans qu'il faut faire ; leur rôle est d'assurer l'enseignement de l'Évangile dans la lumière du Mystère de l'Incarnation : un Dieu qui parle aux hommes, et qui a voulu être proche des hommes au point de partager la condition que nous connaissons.

Je viens donc dans la foulée des évêques de l'Alberta qui, il y a quelques mois, ont publié une déclaration sur l'unité canadienne. Ils ont rappelé comment, en justice, il est important que les membres de la cité puissent satisfaire leurs aspirations légitimes, combler leurs besoins. Intervenant depuis une province de l'Ouest, ils n'hésitent pas à parler de « l'unité canadienne » mais sans vouloir prendre position sur l'avenir politique du Canada. Leur déclaration fait valoir que le dialogue, le respect de ceux qui sont différents et de ce que nous sommes peut-être comme majorité dans un pays, dans une province, est pour le chrétien un devoir dicté par l'Évangile.

Ce soir, je vous parle comme un évêque du Québec : le vocabulaire ne sera pas le même parce que mon poste d'observation est très différent. Ici, en Alberta, parler d'unité canadienne, c'est faire référence à la dynamique sociale dans laquelle tout le pays est engagé depuis quelques années pour définir des éléments qui sont importants pour la vie du peuple. Au Québec, le terme même d'unité canadienne risque d'être interprété rapidement comme impliquant déjà une prise de position politique sur l'avenir du Canada. Vous ne retrouverez donc pas souvent, dans mon exposé, cette expression-là.

Je ne suis pas un évêque qui vient parler de séparatisme ; je ne suis pas non plus un évêque qui vient parler du fédéralisme canadien. Je viens comme évêque et, à partir de l'expérience que je vis avec les citoyens du Québec sur le plan de la vie politique, j'entends refléter des éléments qui me paraissent faire partie de l'enseignement chrétien qu'un évêque doit proposer à ses fidèles.

Il me semble que la communauté chrétienne a connu une évolution très profonde et c'est à partir de ce que j'observe dans les diocèses de la région métropolitaine de Montréal que je parlerai de cette évolution sociale. À l'intérieur de ce mouvement profond que connaissent les communautés chrétiennes au Québec, je parlerai de la mission de la communauté chrétienne en lien avec la vie politique. Puis, j'aborderai d'une façon plus concrète certains éléments du contentieux « Québec-Canada » qui font — ou qui devraient faire — l'objet de la réflexion des communautés chrétiennes.

L'évolution des communautés chrétiennes

On sait que l'Église a longtemps été très puissante et qu'elle a accompli sa mission d'annoncer le Royaume en ouvrant des écoles, des hôpitaux, en créant des services sociaux et de santé, en ouvrant des services de loisirs, en appuyant le développement des Caisses populaires qui sont devenues une institution financière très puissante.

Cette Église-là elle aussi a été tentée par la puissance : elle a rêvé, au fond, de devenir une société théocratique. Dans les années 1950, la revue *Time* avait toujours au tout début une page ou deux sur le Canada, et chaque fois qu'il était question du Québec, on parlait immanquablement de la « *priest-ridden Province* », pour marquer que cet État à l'intérieur du Canada était presque un État clérical, un État de théocratie.

Mais l'Église, comme le Seigneur Jésus au désert, a refusé la tentation du prestige ; et quand, à compter de 1960, l'État québécois a voulu assumer ses responsabilités dans le domaine de l'éducation, de l'hospitalisation, des services sociaux, de la culture, c'est sans résistance de la part des communautés chrétiennes que l'évolution s'est faite.

Ce qui a fait dire à un homme politique qui se définit comme un incroyant que nous avons accompli au Québec en dix ans une révolution sociale que la plupart des pays mettent habituellement cent ans à réaliser, et que cela s'est fait sans tuer un seul curé... L'Église au Québec se veut en état de service pour accomplir sa mission qui est celle d'annoncer le Royaume et la Révélation. L'évangélisation se fera dans la mesure où cette Église-là pourra manifester au peuple et à la société quelles sont les valeurs évangéliques.

Une triple crise

Nous connaissons une crise sur le *plan social* parce que nous n'avons plus un projet québécois homogène comme ç'a été longtemps le cas alors que le Québec était une société traditionnelle, société où on retrouvait surtout des valeurs de loi, d'ordre, de stabilité. Il existe encore sans doute beaucoup de groupes qui regrettent ce type de société-là, et des gens dénoncent assez rapidement la confusion sociale dans laquelle nous vivons ; certaines personnes souhaitent voir se lever un leader qui ramène l'ordre et fasse converger les efforts de tous pour rétablir la paix sociale, la stabilité.

Mais à côté de ces gens ou de ces groupes qui revendiquent une société traditionnelle, il y a aussi beaucoup de gens qui s'inspirent d'une société libérale, non pas au sens partisan du mot bien sûr, mais au sens philosophique et économique du terme libéralisme. Récemment, le Parti libéral du Québec avait à se choisir un nouveau leader ; les deux candidats ont souligné l'importance de la libre entreprise, manifestant que, sur le plan économique, leur philosophie sociale s'inspire du libéralisme.

Dans les différents ministères, en particulier aux Affaires sociales, à l'Éducation et aux Affaires culturelles, on trouve des personnes qui se sont donné une compétence universitaire et qui, sans le dire, par les gestes qu'ils posent, font savoir à la population que dans une société devenue très complexe, il serait utile et important de laisser à ceux qui ont le savoir et l'expérience le soin de régler les cas difficiles : en pratique, de donner le pouvoir à ceux qui sont compétents, de former une technocratie. Qu'on regarde la réforme de l'éducation, celle des institutions de santé, ou ce qu'on propose actuellement sur le plan de la culture : elles sont le fait d'universitaires chevronnés, qui sont maintenant à l'emploi de l'État québécois et qui proposent des modèles.

Pendant ce temps-là, les représentants de certaines centrales syndicales, en particulier celle des enseignants, s'inspirent nettement des démocraties populaires. On prône un socialisme marxiste et on ne se cache pas pour publier quel type de société on pense que le Québec devrait devenir.

Enfin, il y a aussi des personnes sensibilisées aux valeurs de participation qui souhaiteraient que le Québec devienne une société de la concertation ou de la participation.

Cette crise existe aussi au *plan culturel*. On observe une approche nouvelle par rapport aux valeurs importantes ; et, fait assez significatif, ce sont habituellement

des valeurs qui ont une origine chrétienne : on parle de
libération, d'amour, de solidarité, de justice ; ce sont les
valeurs que les jeunes trouvent importantes et qui font
l'objet de discussions, d'échanges verbaux et, dans
certains cas, d'engagements réels. Or ces valeurs sont
souvent portées par des gens qui n'ont pas nécessairement un engagement chrétien ; parfois même, ce sont
ceux qui sont les plus distants de l'Église qui se font les
promoteurs de ces nouvelles valeurs : valeurs qui ont
toujours été importantes, mais qu'on définit d'une
façon nouvelle. Quand j'étais jeune professeur de chi-
mie, pour moi, la vérité pouvait se définir comme
l'adéquation entre la réalité que j'observe et l'état
objectif de cette réalité. Aujourd'hui, est vrai ce qui est
proche du vécu. C'est d'une manière beaucoup plus
subjective qu'on définit la vérité, et non plus d'une
façon qui est objective. On parle encore de fidélité.
Anciennement, on était fidèle à quelqu'un d'autre : on
était fidèle à son époux, on était fidèle à Dieu. Aujour-
d'hui, on est fidèle à soi-même ; on veut pouvoir dire
qu'il y a continuité dans l'expérience que l'on vit soi-
même. C'est vraiment une révolution culturelle.

Mais le changement rejoint aussi le monde de *la
morale*, le monde éthique. Au fond, nous sommes dans
une société où la dynamique est tellement rapide qu'on
ne sait plus ce qui est important pour arriver au
bonheur, pour accomplir l'objet du désir. Alors on est
tenté par la consommation ; on parle beaucoup de
croissance économique — ce n'est pas propre au Québec. Le chômage atteint 10 %, 16 % dans les Maritimes,
20 % à Terre-Neuve... il s'agit là sur le plan social d'une

situation vraiment inadmissible. Mais il y aurait moins de chômage qu'on accorderait quand même beaucoup d'importance encore aux valeurs économiques.

Quelqu'un me disait, il y a quelques semaines : « Moi, mon père était camionneur ; il était fier de son activité professionnelle. Il en vivait. » Aujourd'hui, le monde du travail est brisé, lieu d'affrontement entre employés, syndiqués et patrons ou gérants ou cadres, à tel point qu'on s'empresse d'oublier ce qui s'y vit. Comment développer le sens chrétien du travail dans un monde où on n'a plus le goût d'exercer le métier qui est le nôtre ?

Au fond, on est au niveau de l'éthique. Qu'est-ce qui est important pour arriver à la joie ? Est-ce que c'est de toujours gagner davantage ou d'atteindre une plénitude ? C'est dans cette perspective qu'on peut parler d'une crise profonde que vit le Québec. Pour moi, le mot « crise » n'a rien de terrifiant. Le temps de crise, c'est un temps de jugement, c'est un temps d'évaluation où on fait le point. Ce qui est important, c'est de discerner ce que sera la nouvelle synthèse, quels éléments nous allons garder de l'évaluation.

Annoncer le Royaume de Dieu

Pour traverser la crise de manière féconde, constructive, il nous faut comme chrétiens chercher à vivre le message de l'Évangile. Le message que l'Église a à livrer aux hommes, c'est celui du Royaume de Dieu : le Dieu des chrétiens, c'est un Dieu qui est proche ; c'est un Dieu qu'on rencontre dans la vie de chaque jour, non pas une divinité enfermée dans certaines activités religieuses et que l'on célèbre de temps en temps à l'intérieur de sa semaine, de son mois ou de son année.

Toute la lutte du Seigneur Jésus contre les Pharisiens et les Sadducéens visait à proposer une notion de Dieu qui est celle d'un Dieu amour, proche de la vie des hommes. Ceux qui avaient alors la charge de la Loi et du Temple avaient développé une attitude qui les amenait à s'interposer entre les fidèles et Yahweh. On avait repoussé Dieu dans le lointain ; on s'était substitué à lui. Jésus entreprit de rapatrier son Père dans la vie quotidienne de son peuple.

Le Royaume de Dieu est vraiment annoncé quand l'homme est libéré de ce qui le menace et de ce qui le détruit ; lorsque l'homme entre en liberté — et cette liberté-là n'est pas qu'extérieure, elle est liberté du cœur — le Royaume de Dieu est annoncé. Il l'est aussi lorsque l'autorité se fait service ; ce qui a beaucoup de conséquences pour des gens qui, à l'intérieur d'un monde qui est en crise, cherchent à témoigner de ce qu'est le Royaume de Dieu. Enfin, le royaume est annoncé lorsque le pardon et la miséricorde sont devenus des nouveaux moyens de vivre et d'aimer — ce qui est spécifiquement chrétien. En effet, ce n'est que dans la perspective de la mort et de la résurrection vécues avec le Seigneur Jésus que ces thèmes de miséricorde, de pardon et de réconciliation prennent toute leur efficacité.

C'est à l'intérieur d'une société en crise que le message d'un Dieu proche de nous, partenaire de notre existence quotidienne dans notre quête de liberté, que nous devons créer une nouvelle civilisation chrétienne. Et ces dernières années, les évêques du Canada, dans leurs principaux messages sociaux, rattachent constamment l'annonce du Royaume de Dieu à une gestion responsable des biens que le Seigneur nous a confiés et à l'établissement de la justice sociale.

Ce que l'on tire de l'Évangile, ce n'est donc pas un modèle politique. Jésus n'a pas dicté à ses disciples un régime politique en leur disant : « Celui-ci serait le meilleur ; cherchez donc à l'implanter. » Mais ceux qui se réclament de l'Évangile sont appelés à s'associer à leurs semblables pour créer une meilleure façon de vivre : plus humaine, plus proche des valeurs que le Seigneur nous a proposées.

Et quand je vois au Canada l'importance qu'on accorde au changement social depuis quelques années, celle de l'implication personnelle au plan local, l'acceptation croissante de nouvelles institutions pour répondre aux besoins de notre temps, j'ai l'impression que le peuple de Dieu a commencé de passer de la parole aux actes et de mettre en œuvre l'enseignement des évêques.

La vie politique du Québec et du Canada

Un organisme vivant porte toujours des germes ; des uns nous avons besoin pour rester en santé ; d'autres par ailleurs peuvent devenir pernicieux et provoquer une maladie. Je dirais que nous sommes dans une société où il y a des germes de vie ; comme chrétiens, pour annoncer le Royaume de Dieu dans cette société en tension, il nous faut bâtir avec les germes de vie.

Le premier de ces germes de vie, je le nommerais une *attitude d'ouverture à l'égard d'un nouvel ordre social et économique.* Dans la mesure où les chrétiens sont sensibles à ce qui est en train de poindre sur le plan social, ils seront en mesure d'annoncer le Royaume de Dieu, parce que parler du Règne de Dieu, c'est au fond être capable d'identifier la terre nouvelle, le monde nouveau que Jésus ressuscité réalise avec ses disciples dans le monde. Et je prendrais, si vous me le permettez, certains exemples de la vie québécoise pour montrer cette ouverture à la formation d'un nouvel ordre social et économique.

On a beaucoup discuté de la loi 101 qui est venue définir le statut de la langue française au Québec. Les gens parlaient de l'importance d'assurer la survie du français au Québec ; d'autres parlaient des répercussions néfastes de l'unilinguisme français sur l'économie et on sait comment le transfert, à Toronto ou ailleurs, de certaines maisons d'affaires qui avaient leur siège social à Montréal a suscité aussi beaucoup de commentaires.

Les évêques du Québec se sont demandé : s'agit-il là d'un projet de loi qui est juste ? Des moralistes nous ont rappelé que la justice désigne un équilibre relatif entre des gens et des groupes qui ont à concerter leurs intérêts. Nous avons conclu que le projet de loi est juste, et nous avons accompagné ce jugement de commentaires et de suggestions. Nous avons signalé, par exemple, qu'on pourrait être beaucoup plus ouvert à l'égard des anglophones qui ne sont pas nés au Québec et qui voudraient avoir la possibilité d'envoyer leurs enfants à l'école anglaise.

Par ailleurs, il y a tout un bouillonnement de vie dans les groupes de base. C'est là que le véritable changement social est en train de prendre forme ; là aussi, il nous faut nous ouvrir à une réalité sociale nouvelle et, à mon avis, même si elle ne débouche pas infailliblement sur le Royaume, elle nous ouvre une porte pour annoncer et instaurer le Royaume de Dieu en notre milieu.

Un autre germe de vie, c'est celui du *renouveau spirituel* : on a vu poindre ici ou là, à la base, sans que cela ait été d'abord réfléchi à la tête des diocèses ou dans les assemblées d'évêques, des maisons de prière ; dans certains cas, ce sont des religieuses, dans d'autres cas des laïcs qui, ayant fait l'expérience de la rencontre de Dieu dans des mouvements de prière, ont voulu se donner un endroit pour se retrouver, accueillir des gens qui voudraient réfléchir, prier, se reposer. À côté des monastères traditionnels qui sont toujours là, surgissent des communautés contemplatives très peu structurées où beaucoup de gens se retrouvent pour satisfaire leur besoin de rencontrer Dieu dans le silence, le recueillement et la prière.

Un troisième signe ou germe de vie : l'*engagement social* auprès des personnes marginalisées par la société. Plusieurs chrétiens travaillent avec des prisonniers ou d'anciens prisonniers pour aider ces personnes à retrouver une place dans la société, et d'abord à reprendre confiance en eux-mêmes. D'autres, je pense aux sœurs du Bon Conseil de Montréal, assurent une présence continue aux immigrants. La réaction à l'égard des immigrants est souvent marquée de xénophobie de la part de ceux qui sont déjà là : des chrétiens et des chrétiennes se sont donc donné comme mission d'être présents à des immigrants.

La famille au Québec connaît de sérieuses difficultés ; beaucoup de foyers se brisent. Souvent la femme reste avec les enfants ; on parle de familles monoparentales. Ces personnes-là ne s'étaient pas préparées à mener une existence de chefs de foyer, seules, sans leur conjoint. Alors, dans plusieurs diocèses, la pastorale familiale s'intéresse en priorité aux femmes qui sont séparées, divorcées, et qui connaissent un drame intérieur, afin de les aider à retrouver la paix, à retrouver une place dans la société et les moyens de mener une vie responsable.

Engagement social dans des comptoirs alimentaires, dans des groupes de citoyens, même dans certaines coopératives de production ouvrière. J'ai été mêlé de très près pendant deux ans, à Saint-Jérôme, à l'expérience Tricofil. J'ai pu proclamer les Béatitudes à l'intérieur de l'usine entre les machines à tisser, en présence de tous les travailleurs qui étaient là à ce moment-là comme employés de l'usine qu'ils avaient décidé d'opérer eux-mêmes.

Les germes de mort

Mais il y a aussi des germes de mort dans notre société. Et je dirais que le premier vient même de nos communautés ecclésiales où souvent nous avons une *réaction de peur* devant ce qui est en train d'émerger. Il nous faut du temps pour voir où est la lumière. C'est peut-être

87

pour cela que Jésus disait que les fils des ténèbres précédaient souvent les fils de la lumière.

Nous avons aussi beaucoup de réticence à entrer dans une dynamique fort discutable, mais portée par tellement de gens et de groupes : celle des conflits. Moi, le premier, je me sens me cabrer lorsque je rencontre des gens qui me parlent de la lutte des classes. Je ne peux pas, comme évêque, endosser un projet de lutte de classes, mais entre favoriser la lutte des classes et constater qu'entre les classes il y a des intérêts divergents, une prise de conscience s'impose : c'est souvent au terme de la tension, au terme du conflit qu'une plus grande paix sociale, une plus grande justice s'instaure. La question que nous avons à poser comme chrétiens ne porte peut-être pas tellement sur l'existence du conflit que sur la manière chrétienne de vivre les conflits qui sont inévitables.

Autre germe de mort, la *manipulation des groupes*. Dans notre milieu québécois, il est indéniable qu'il y a des fomenteurs de troubles, des gens qui sont des révolutionnaires, des gens d'extrême-gauche qui essaient de s'infiltrer là où il y a un peu de dynamisme soit pour attiser les tensions, soit pour éteindre l'espérance. Si un comptoir alimentaire fonctionne bien, si un groupe d'assistés sociaux travaillent ensemble et réussissent à s'en sortir, ça diminue les contradictions du système que nous voulons abattre, raisonnent ces agitateurs. On se présente comme collaborateur et on saborde de l'intérieur...

Enfin, le *cléricalisme* et le dogmatisme qui ne sont plus d'abord le fait des clercs ; ceux qui sont les plus cléricaux sont parfois des gens qui sont très loin des communautés chrétiennes. Des gens s'érigent en petits maîtres pour régler le sort des autres. Ce qui n'est pas de nature à favoriser une société de participation.

Le message évangélique

Le message de l'Évangile que portent les communautés chrétiennes dans une société porteuse de germes de vie et de germes de mort, c'est d'*appeler les hommes à la foi.* Regardez Abraham, Moïse, ils ont dû quitter tout ce qu'ils possédaient pour pouvoir entrer dans la terre qui leur était promise par Yahweh. Nicodème, lui, qui était un notable qui avait bien réussi, se fait dire par le Seigneur Jésus qu'il lui faut renaître dans l'Esprit pour pouvoir entrer dans le Royaume. Les disciples qui reviennent bredouilles après toute une nuit passée sur le lac se font dire : retournez pêcher au large et vous reviendrez avec une moisson abondante. La foi suppose toujours un départ, la rupture avec le confort et la sécurité, pour avoir accès à une terre nouvelle.

Pour revenir à la vie politique, nous, chrétiens, nous devons entendre les appels qui viennent de toutes parts comme étant des appels à la foi en Jésus Christ, des appels à l'engagement chrétien. Et c'est à cela d'ailleurs que les évêques convoquent les fidèles en parlant de justice sociale et de gestion responsable des biens. Est-ce que les changements qui inévitablement vont survenir au Canada — quels qu'ils soient, à l'intérieur d'une nouvelle fédération ou dans un pays profondément transformé — ne sont pas pour nous des appels à la conversion : celle du cœur et celle des structures dans lesquelles nous vivons ?

Nous devons avoir une stratégie d'action si nous voulons apporter une réponse à la dynamique que vit le Canada actuellement. Un référendum ne peut pas en tenir lieu ; l'opinion d'une majorité risque d'entraîner des décisions peu satisfaisantes pour une très forte proportion de la population. Au fond, c'est lorsque nous aurons relevé le défi quotidien de la solidarité et de la participation, avec la conversion que ça nous oblige à faire, que nous serons en mesure de dire ce que nous avons à réaliser ensemble, comment le faire, et comment en particulier nous entendre dans le dialogue sur les aménagements les meilleurs pour donner satisfaction et justice à tous.

Faute de suivre cette pédagogie, c'est par la force, possiblement dans la violence, certainement avec agressivité, que nous apporterons une réponse à la question. Est-ce vraiment le meilleur moyen ? Je ne le pense pas. Si, au contraire, c'est sous le signe de la participation et de la responsabilité que nous cherchons à élaborer un projet qui sera sanctionné par une décision collective, alors oui, nous pouvons espérer dépasser dans la joie la souffrance qui accompagne inévitablement les réalisations de ce monde marqué par l'inconnu et l'instabilité.

Et cela demande une lecture attentive de la réalité sociale, en identifiant quels sont les problèmes et non pas en prétendant les régler d'autorité. Quelles sont les injustices que certains groupes disent vivre ? Qu'il s'agisse des Indiens, des Francophones, des Québécois, ou des Anglophones qui vivent au Québec. Quelles sont les réalités vécues par ces gens-là ? Quels sont les systèmes de valeurs en place ? Quels sont les rapports de force qui existent ? Une fois identifiées ces structures sociales, nous pourrons poser un diagnostic qui soit juste et de nature à nous aider à devenir des citoyens responsables.

★ ★ ★

Je suis venu proposer à des chrétiens qui sont mes frères, mais qui vivent dans une société fort différente de celle où j'ai moi-même à œuvrer, de remplacer ensemble une éthique qui, jusqu'à ce jour, a été surtout basée sur le pouvoir et la domination, par une éthique de solidarité et d'interdépendance. C'est dans la mesure où nous allons construire sur la solidarité réelle — non pas celle des chansons, mais celle qui se vit dans l'engagement concret et dans l'interdépendance — que nous pouvons construire ensemble un projet social pleinement humain et conforme aux valeurs de l'Évangile.

La réponse à la question de l'unité canadienne ne nous sera pas donnée comme un préalable, comme un plan tracé d'avance que nous n'aurions plus qu'à mettre en application. Elle viendra comme un fruit mûr au terme d'un engagement humain, adulte et responsable. Et pour moi, il s'agit là d'un test de vérité pour l'Église. L'Église au Canada sera crédible dans la mesure où elle aura réussi à faire partager à ceux qui sont engagés dans la vie politique, au sens très large du terme, le Mystère de la mort et de la Résurrection du Christ. Et ce, à l'intérieur de l'évolution sociale que nous connaissons. Si les chrétiens se font porteurs de ce message, je pense que nous deviendrons une société vivant de paix, de joie et d'espérance, témoignant une plus grande maturité, manifestant un engagement réel dans les défis qui confrontent le Canada.

Au fond, il s'agit de nous donner à l'échelle de la municipalité, de la commission scolaire, d'une province ou de l'État canadien, des institutions qui correspondent à nos besoins. Et pour moi, cela va nous permettre d'atteindre un degré supérieur de développement humain dans le partage et dans la justice.

Edmonton, février 1986

Deuxième partie

L'ÉVANGILE AU QUOTIDIEN

L'expérience chrétienne se vit dans le quotidien avec ce qu'il a de terne et de réjouissant. Il est facile de « se désâmer », remarque Bernard Hubert, mais il ajoute : vivre la foi, c'est écouter Dieu qui parle, c'est poser sur les choses et les gens le regard même du Christ ; c'est agir en disciples de Jésus. (On reconnaît le « voir, juger, agir » de l'Action catholique.)

Si la lutte pour la justice sociale a toujours été une priorité pour Bernard Hubert, son sens du concret, son oreille pastorale comme son souci d'enraciner et d'incarner la pratique de l'Évangile le poussaient à lire les signes des temps et la présence de Dieu dans la vie de tous les jours.

Il ne se produit pas chaque année de référendum constitutionnel ou de crise amérindienne, mais chaque printemps est l'occasion de célébrer Pâques ou l'engagement de nouveaux mariés, chaque été ramène les vacances et un Grand Prix automobile ; et, après avoir fêté Noël, on pense naturellement à faire le bilan de l'année écoulée et à rechercher de nouvelles sources d'énergie et d'espérance pour entreprendre la prochaine.

Au fil des billets qu'il donnait au journal du diocèse, l'évêque de Saint-Jean-Longueuil prenait plaisir à partager avec le public ces méditations où les grands débats de société (la paix, l'avortement, la peine de mort) alternent avec le souci des personnes, l'amour de la nature et le respect du mystère.

C'est que, dans la société changeante comme dans l'Église en marche, l'amour et la foi inspirent une quête incessante des valeurs.

MÉDITATION SUR NOËL

Au moment d'écrire ces lignes, je pense à Noël. Dehors, il fait froid. C'est le début de l'hiver. Dans mon esprit, se succèdent des images diverses. La musique et les décorations des Fêtes. Les appels d'Isaïe à aplanir les ravins et à redresser les chemins. Des centres commerciaux surpeuplés. Des images télévisées sur l'Iran et la vie dans un camp de réfugiés cambodgiens. La présence de Jésus en moi. La naissance du Fils de Dieu à Bethléem.

Que sera Noël cette année ? Des rencontres sociales marquées de faste par des cadeaux luxueux ? Un sentiment d'isolement et de vide intérieur ? Quelques gestes de rapprochement et de partage avec des pauvres ? Une lumière dans la nuit ? Oui ! une étoile qui éclaire doucement le chemin de ma vie. Une sécurité et une assurance au cœur des événements. Un compagnon dont la présence me rend paisible, joyeux, miséricordieux. J'ai l'âme en fête. J'ai le goût de pardonner et de vivre.

Pourtant, je suis habité par quelques images de la vie des réfugiés indochinois. Je me bute à l'absurdité de ce qui se passe en Iran. Je sais que les luttes du Front commun, en apparence terminées, laissent des plaies brûlantes. Des couples, engagés dans l'amour, font l'amère expérience de la discorde et de la rupture. Par contre, des familles monoparentales, malgré leur handicap, font preuve d'initiative et de responsabilité. Des prisonniers et des handicapés de toutes sortes prennent leur place au soleil et manifestent un engagement social étonnant.

Dans la lumière de Noël, je découvre que Dieu, encore aujourd'hui, vient au monde. Le long et pénible exode des réfugiés actualise la marche de Joseph et de Marie vers Bethléem. Le travail discret et droit des marginalisés qui assument leurs responsabilités donne à ceux-ci la disponibilité et la bonhomie des bergers. Les souffrances physiques et morales d'une multitude d'êtres humains remuent le cœur de l'Homme-Dieu. Jésus se fait solidaire de ceux et celles qui cherchent la vérité avec droiture, de ceux et celles qui luttent pour la justice, de ceux et celles qui changent le monde pour le rendre meilleur.

L'enfantement du Fils de Dieu s'accomplit aujourd'hui. Il est une Bonne Nouvelle pour tous. Le Christ est présent dans les diverses situations humaines. Les événements marqués par la douleur et le mal ne sont pas moins habités par le Seigneur que la Crèche de Bethléem. Aujourd'hui, le salut arrive au monde. Sa manifestation est déroutante, tout comme la venue de Jésus en Palestine. Dans mon cœur, grandit la foi. Je vois le Ressuscité qui m'invite à l'accueillir.

Jésus est présent dans l'assisté social qui coule son existence dans la résignation et l'inactivité. Il vit dans l'homme d'affaires qui est responsable d'un gros projet de développement économique. Il accompagne la mère célibataire qui, courageusement, lutte pour ses droits. Il gémit à travers les souffrances des exilés et des rejetés. Il appelle à un monde plus juste dans le jeune qui bâtit sa liberté. Il manifeste sa disponibilité chez les bénévoles qui donnent leur temps. Il se fait serviteur dans le témoignage des pasteurs qui ont le souci de leur peuple. À mesure que je réfléchis sur Noël, ma conscience d'un Dieu proche et amical s'approfondit. Mon cœur est dans la joie parce que Jésus est là. Je comprends mieux pourquoi il souhaitait la paix à ses disciples lorsqu'il paraissait devant eux. Malgré les tourments et les conflits, malgré mes infidélités et mes caprices, sa présence met mon cœur en joie et en paix. Mon regard sur les autres est renouvelé. Je veux dire à chacun que je l'aime. Sans sacrifier ce qui vient du passé, la vie commence.

Noël est un temps de paix, de joie, d'amour, d'espérance.

3 décembre 1979

SE FAIRE SERVITEUR POUR ÊTRE GRAND

Les péripéties de l'affaire Ben Johnson ont occupé les manchettes des médias pendant plusieurs jours. C'est loin d'être fini, semble-t-il. Ce n'est pas à moi de juger si ce jeune homme est coupable ou non. Je compatis plutôt avec lui car sa vie risque d'être marquée pour longtemps, de façon négative, par le souvenir de Séoul. Il m'intéresse davantage de réfléchir sur le fait que cet événement du supposé doping d'un athlète fasse un tel tapage journalistique.

Bien sûr, les Jeux olympiques représentent un temps fort de l'idéal humain dans le sport. Il importe de veiller à ce que le comportement des participants soit irréprochable. Pour cela, j'appuie ceux qui demandent que le Comité international olympique se donne un code d'éthique précis et qu'il prenne les moyens pour le faire appliquer de façon stricte. Alors, les meilleurs parmi les athlètes pourront de nouveau être des modèles pour les jeunes. Mais revenons au traitement de l'affaire Ben Johnson.

Il me semble que le retentissement énorme de l'incident ne s'explique pas en entier par l'immoralité du doping. Ne serait-il pas plutôt le révélateur de la place occupée par la tricherie dans notre société ? L'important, c'est de gagner à tout prix. Nous vivons dans une société où le « paraître » et le premier rang conditionnent la fierté et le succès. Si Ben Johnson avait brisé son propre record mais était arrivé deuxième, aurait-il eu droit à la même admiration et aux mêmes éloges, le jour de son exploit ? Nous nous glorifions plus facilement de la domination d'autrui que des victoires sur nous-mêmes. Souvent, cela coûte très cher pour être le plus beau, le plus fin, le plus fort. Insécurité psychologique, névrose, mensonge, violence constituent, entre autres, certains prix forts que des individus, des couples, des familles ont parfois à débourser pour tenter d'arriver à ce but. Le bonheur vrai et durable fructifie davantage dans l'amour, la liberté et la responsabilité que dans des moyens artificiels et finalement oppressifs utilisés par des gens obnubilés par le clinquant du succès et de la victoire. Un brillant neurophysiologiste disait récemment, à l'émission *Second Regard*, que les comportements agressifs et violents sont fonction de la maturité intellectuelle, affective et morale. Considérant la qualité de notre vie sociale, nous avons à nous interroger sur le niveau de notre maturité et sur la validité des objectifs recherchés dans notre quotidien.

À ses disciples qui désiraient la première place, Jésus a dit : « Vous savez que les chefs des peuples les commandent en maîtres et que les grands personnages leur font sentir leur pouvoir... Si l'un de vous veut être grand, il doit être votre serviteur, et si l'un de vous veut être le premier, il doit être votre esclave... le Fils de l'homme est venu pour servir et donner sa vie comme rançon pour libérer beaucoup d'hommes » (*Mt* 20,25-28). Notre société ne vivra de véritable grandeur ni ne sortira des ténèbres restantes que si vous, les autres et moi nous vivons de la liberté et de la vérité assurées par l'esprit de service. Ce service essentiel trouve sa source en Jésus et son expression dans l'évangile. À nous d'en être les témoins par une aide à l'éducation de chacun à la maturité personnelle.

Le 4 octobre 1988

Le pasteur.

L'orateur.

Dernière signature autographe de Monseigneur Bernard Hubert (1er février 1996).

UNE QUESTION ÉTHIQUE

Les opinions relatives à la peine de mort demeurent fortement polarisées. Le débat public de 1986, au Canada, l'a bien montré. Même après la décision du législateur canadien concernant l'abolition définitive de la peine de mort, une majorité de citoyens, dit-on, continuent à se déclarer favorables à l'utilisation de ce châtiment. Comment se surprendre, alors, que beaucoup de pays maintiennent chez eux la peine de mort ? L'actuelle campagne d'Amnistie internationale met en lumière que, en ce domaine, les abolitionnistes ont encore beaucoup à faire.

La réflexion morale des vingt-cinq dernières années jette un éclairage nouveau sur cette question. Longtemps, nous avons vécu d'une morale constituée de préceptes et d'interdits. Dans ce contexte, on a souvent motivé l'utilisation de la peine de mort en référant à la justice et en appliquant les normes du droit. Aujourd'hui, citoyens, groupes et familles sont davantage sensibles aux appels des valeurs qu'aux impératifs des préceptes. Cela ne signifie pas que la morale est tout à fait relative et qu'aucune vérité objective ne subsiste. Cela veut dire que la recherche en éthique peut compter sur des éclairages nouveaux.

Pour nos contemporains, la vie en société devient de plus en plus un projet. Peu de choses sont définies à l'avance. Il importe donc que les valeurs que l'on veut privilégier soient clairement identifiées et proposées à tous. Le caractère inviolable de la vie humaine fait partie des nécessaires éléments d'un vrai projet de société. Il serait vain de parler de qualité de vie si, comme groupe humain, nous ne sommes pas capables d'éliminer la violence de la peine capitale pour assurer le respect des droits de chacun et la bonne marche de l'État. Nous devons chercher à améliorer le comportement moral de tous en faisant la promotion des valeurs humaines.

L'héritage spirituel des sociétés occidentales nous offre plusieurs de ces valeurs. Les exigences de la justice peuvent être autant satisfaites dans le pardon, l'aide psychologique et les travaux pour autrui que dans le talion, la vengeance et la suppression de la vie. Dans un monde de plus en plus habité par la violence, la torture et le meurtre, les personnes qui ont foi en l'avenir ont le devoir, sans être naïves ni complices, d'assainir les mœurs courantes par une proposition efficace de ce qui fonde la paix sociale, la dignité humaine et la meilleure justice. L'abolition de la peine de mort est une question éthique. En effet, respecter Dieu et croire en la vie font davantage référence aujourd'hui aux valeurs et au sacré de la personne humaine qu'aux conduites dictées par les interdits et les punitions. À chacun de nous de promouvoir cet idéal et ce projet.

Le 30 mai 1989

LES CATHOLIQUES ET LE SIDA

La Vᵉ Conférence internationale sur le sida aura été le révélateur de plusieurs indices. La très large couverture par les médias manifeste la profonde inquiétude du grand public. Les résultats laissent voir le dénuement des scientifiques devant les causes du sida. La contestation et le chahut ont montré l'angoisse des sidéens. Le congrès a donné l'occasion à quelques journalistes d'exprimer de la hargne à l'égard de l'Église catholique parce que celle-ci refuse de reconnaître l'utilisation du condom comme moyen privilégié pour enrayer la maladie. Enfin, les discours m'ont paru traduire une bien faible volonté politique concernant la prévention du sida.

Il est malheureux que l'enseignement de l'Église sur le sujet ne soit pas davantage diffusé. Pourtant, tous les organes de presse reçoivent les textes officiels dès leur parution. En mars dernier, les évêques canadiens publiaient un document pertinent au thème de la récente conférence internationale. Une large place y est donnée à l'impérieux devoir des chrétiens de compatir aux sidéens. À l'exemple de Jésus, nous avons à pratiquer l'accueil et l'accompagnement de ces malades, la solidarité et la lutte contre la maladie. Le sida est l'affaire des catholiques comme de tous les autres groupes. Si parfois un croyant ou l'autre affirme que ce fléau est une punition de Dieu, il nous faut rectifier cette approche et révéler le vrai message de l'Évangile qui est amour, compassion et vérité.

107

Faire la vérité sur la lutte au sida implique la critique des moyens choisis par notre société pour arrêter le mal. Nous savons tous que deux des principaux facteurs de transmission du sida sont l'utilisation de seringues usagées chez les toxicomanes et les rapports sexuels chez les individus qui ont des partenaires multiples.

Quand, sous prétexte de pluralisme et de respect des nouvelles valeurs, on veut promouvoir l'éducation du public et la prévention de la maladie surtout par le don gratuit de seringues neuves aux usagers de la drogue et l'usage du condom lors des relations sexuelles, l'Église — experte en humanité — se croit justifiée de soulever des questions sur les vraies conséquences de ces politiques à courte vue. À quoi mène ultimement la drogue ? Quels effets psychologiques à long terme connaissent les jeunes lorsqu'ils assument des comportements sexuels d'adulte à l'âge de l'adolescence ?

Récemment, François Mitterand disait à propos des événements de Chine : « un gouvernement qui tire des balles sur sa jeunesse n'a pas d'avenir ». Nous pouvons affirmer, pour notre part, « une société qui tolère et banalise chez ses adolescents la circulation de la drogue et le dérèglement du sexe n'aime pas ses jeunes et n'a pas foi en son avenir ». Il ne suffit pas, pour éduquer et rendre responsable, d'encadrer les effets nocifs de mœurs dissolues. Les jeunes ont droit à ce que nous leur proposions un exigeant idéal de vie établi à partir des valeurs d'amour, de don, de fidélité et de vérité et que nous en témoignions. Réduire la sexualité à une fonction de plaisir, c'est tronquer la vie humaine et le plan de Dieu. La sexualité est un lieu privilégié d'apprentissage de vraie responsabilité humaine et d'authentique respect d'autrui, un véritable creuset de formation morale et sociale.

Depuis l'apparition du sida chez nous, plusieurs religieux, laïcs et prêtres ont choisi de s'engager dans l'accompagnement de sidéens. Cela est fort heureux. À partir de la Révélation divine et de l'expérience humaine, il y a aussi lieu, pour nous, croyants dans le Christ, de proposer à tous le message de Jésus : « soyez parfaits comme votre Père céleste est parfait ». Nous ne sommes ni des purs, ni des bien-pensants, mais nous croyons en la rédemption divine et dans le renouvellement humain apporté par le Christ. Nous sommes en route vers le Royaume de Dieu. Il est toujours difficile de cheminer. Si, temporairement, certains sont encore engagés dans des comportements à risque, certes, pour eux, il est davantage acceptable d'utiliser le condom que de propager la maladie mortelle, mais il leur faut savoir que Dieu les appelle à une vie morale plus profonde et à une joie plus durable dans la maîtrise de soi et la responsabilité véritable. Dans notre contribution à la lutte au sida, ces éléments de discours se veulent porteurs de lumière et d'espérance.

Le 12 juin 1989

ACCUEILLIR EN FAMILLE
UN DIEU ÉTERNELLEMENT JEUNE

J'ai beaucoup d'admiration pour certains jeunes parents. Dans un monde difficile, ils ont su découvrir les vrais besoins d'un enfant. Ils savent quelle nourriture lui donne vitalité. Ils l'écoutent pendant des heures, répondant patiemment à ses questions et accueillant respectueusement ses expériences. Ils lui ménagent un cadre d'affection et de liberté qui permet à un être fragile et dépendant d'agir avec confiance et responsabilité. L'amour familial accomplit souvent des merveilles : des êtres différents et inégaux, parents et enfants, vivent leurs rapports comme des personnes à la fois autonomes et solidaires.

Dieu se comporte à notre égard comme un parent éternellement jeune. Il propose à l'humanité de vivre une alliance qui est celle d'une famille. Lui aussi prend le temps de nous écouter. Il nous accompagne, prodiguant son amour et respectant notre liberté. Paradoxalement, sa toute-puissance, en dépit de notre faiblesse et de nos fautes, nous situe dans une relation de filiation avec Lui. Se faire l'égal de Dieu, c'est mentir et pécher. Il n'empêche que, dans le baptême, Dieu lui-même nous établit frères et sœurs de son Fils. Ce qu'il y a de meilleur dans l'expérience de nos familles humaines permet de comprendre dans la foi ce que Dieu nous offre dans sa famille.

Le mystère de Noël est notre lieu d'entrée dans le projet de Dieu sur nous. Il nous est possible d'être filles et fils du Père parce que Jésus est né à Bethléem. En envoyant son propre Fils sur la terre, Dieu fait alliance avec l'humanité. La famille humaine devient famille de Dieu. L'une éclaire l'autre sur son cheminement et réciproquement. Pour mieux saisir le sens de la Nativité de Jésus, nous pouvons donc revoir ce qui constitue le meilleur de notre expérience familiale. J'invite les lecteurs d'*Actualité diocésaine* à préparer en famille la fête de Noël.

Parler de la venue de Dieu parmi nous peut avantageusement se faire en partant des grandeurs et des limites de la vie de famille. Dieu se manifeste dans les joies de l'amour humain. Il se donne aussi dans les échecs et les attentes des couples blessés, des familles brisées. Dieu est Amour. Non pas pour juger ou écraser les humains. Dieu est Amour pour gracier les perdants, combler les démunis, rendre humbles les puissants. Noël, c'est la fête de l'amour. La fête des enfants. C'est aussi l'appel à une vie de famille trouvant sa source de joie en Dieu. Puissions-nous retrouver cela et en vivre déjà dans nos familles.

LES ARMES DE LA PAIX

Le 16 janvier dernier, les évêques de la région de Montréal invitaient les fidèles à jeûner et à prier pour la paix au Moyen-Orient. Auparavant, des groupes intéressés à la situation dans le Golfe persique avaient organisé des temps de prière dans plusieurs communautés chrétiennes. Cela se continue actuellement. Ici et là, des gens jeûnent et prient. Sont-ils des utopistes ? Y a-t-il un sens à des pratiques semblables aujourd'hui ? Lors d'une interview, un journaliste m'a dit : croyez-vous que le jeûne peut changer la guerre ? Y a-t-il un rapport entre le jeûne et la paix ?

Dans l'Évangile, il est dit que certains esprits ne peuvent être chassés que par le jeûne et la prière. L'esprit d'asservissement et de vengeance me paraît de ceux-là. Détruire un pays de fond en comble, écraser ses semblables jusqu'à l'humiliation n'ont jamais produit de développement humain, ni établi une paix durable. Les moyens militaires pour battre un adversaire sont maintenant tels que bien des moralistes se demandent s'il est encore possible d'avoir aujourd'hui une guerre juste. Il faut donc chercher des moyens autres pour résoudre les conflits entre les États et développer la communion entre les personnes.

Les armes les meilleures pour bâtir une paix solide et durable sont le dialogue, la justice, la solidarité, la vérité. Ce sont là les actions les plus indiquées pour régler les différends émanant des inégalités et des injustices. Seuls les échanges vrais, l'entraide désintéressée et le partage des ressources assurent, pour un long terme et dans la liberté, la confiance mutuelle et la correction de situations inacceptables entre des pays ou des groupes qui s'affrontent. Pour cela, les peuples et les individus doivent purifier leur cœur de l'esprit malin et rendre leur âme disponible à la source qui nourrit le dialogue, la justice et la solidarité.

C'est ici qu'entrent en lice le jeûne et la prière. Ce sont des moyens spirituels qui permettent d'approfondir la relation à Dieu. Jeûner et prier ne changent rien à la guerre mais ils rendent plus attentifs au Prince de la paix et plus dociles aux impulsions du Conseiller merveilleux, s'ils sont vécus dans une intention droite. Le Seigneur continue aujourd'hui de proclamer les béatitudes et d'appuyer les initiatives des gens de bonne volonté. « Heureux les artisans de paix, car ils seront appelés fils et filles de Dieu. » Le jeûne authentique et la prière vraie tournent le cœur vers Dieu et disposent aux œuvres de justice et de paix.

Il arrive parfois que des personnes jeûnent pour tenter d'infléchir des décisions gouvernementales. Il faut distinguer la grève de la faim et le jeûne. Dans la pratique de l'Église, celui-ci n'est pas un moyen de pression sur autrui mais un acte spirituel qui, dans la tradition, va de pair avec l'aumône, le pardon et la prière. Il consiste à se priver de nourriture, soit de façon totale pour un temps très limité, soit de manière réduite pour une durée sans terme. Il ne met en cause ni la santé du jeûneur, ni sa capacité de vaquer à ses occupations. Il rend sensible aux exigences de la justice et solidaire des chercheurs de la paix.

Le conflit du Golfe persique est en cours. Il va se poursuivre un certain temps, paraît-il. Je ne juge pas du bien-fondé ou non de cette guerre. Je n'en n'ai pas les moyens. Les nouvelles qu'on nous en donne sont horrifiantes. Ma conviction profonde, cependant, proclame que la paix véritable viendra bien plus de l'amour et de la justice que de la haine et de la guerre, qu'un nouvel ordre mondial découlera davantage de la collaboration réelle entre les peuples que de toute loi imposée par la force aux diverses nations. Aussi, durant ce conflit, j'invite mes sœurs et mes frères à jeûner et à prier pour la paix au Moyen-Orient. Nous sommes faibles et pécheurs. Néanmoins, l'amour de Dieu agit en nous pour changer le monde. Ensemble, bâtissons la paix.

Le 28 janvier 1991

QUELLE EST TON ATTENTE ?

Quarante ans d'oppression et de souffrances font place à l'espoir et à la liberté. Les événements récents de l'Europe de l'Est ne sont pas passés inaperçus. Certains les ont même qualifiés de révolution spirituelle. D'autant plus que les mouvements populaires avaient souvent commencé dans des rassemblements de prière. Là-bas, on parle de foi vivante, mobilisatrice, intrépide même si les résultats des changements politiques et religieux sont loin d'être définitifs. Au Québec, par contre, plusieurs informateurs qualifient la foi des chrétiens d'ici d'affadie, d'inopérante, de moribonde. Les croyants québécois contribuent-ils à construire une société meilleure, à manifester le Royaume de Dieu ?

Pourtant notre milieu connaît, lui aussi, de nombreuses initiatives heureuses. Des adolescents font régulièrement du bénévolat auprès des personnes âgées. Des femmes violentées ont su se regrouper pour s'entraider et assainir les mœurs violentes. Des conjoints filent le parfait amour dans l'égalité et la fidélité. Des parents redécouvrent la joie de transmettre la foi à leurs enfants dans l'Initiation sacramentelle. Des laïcs, des religieux et des prêtres témoignent d'une Église nouvelle dans des groupes du Renouveau et ailleurs. Des Québécois ont réussi à mettre en place le Mouvement Desjardins, le Fonds de solidarité des travailleurs, la Caisse de dépôts et de placements. Des syndiqués et des employeurs travaillent ensemble pour sauver une entreprise. Certes, le regard de Dieu posé sur ces réalisations permet de saisir des valeurs d'Évangile dans tout cela. Le Royaume de Dieu est déjà parmi nous. Bien sûr, notre monde n'est pas encore le paradis. Aux yeux de certains, il s'en retourne même à la barbarie et au paganisme. La violence se manifeste à qui mieux mieux dans la famille, la ville, la planète. L'agressivité est reine, y compris chez les conducteurs au volant. La vie des personnes est entachée de fausseté et de mensonge. L'humour de plusieurs professionnels du rire est épais et grossier. La consommation des biens et des loisirs révèle un matérialisme profond. La pauvreté casse le Québec en deux. Des œuvres utiles aux décrocheurs ou aux itinérants s'essoufflent, faute d'intérêt public et de soutien financier. Des communautés chrétiennes taisent leur prophétisme et s'enlisent dans l'accidentel. Apparemment, tout va mal. Aujourd'hui, qu'il est facile de « se désâmer ».

Vivre la foi, c'est écouter Dieu qui parle ; c'est poser sur les choses et les gens le regard même du Christ ; c'est agir en disciples de Jésus. L'expérience chrétienne se vit dans le quotidien avec ce qu'il a de terne et de réjouissant. La rencontre du Ressuscité ne se fait pas d'abord dans le phénomène exaltant de la mystique, mais surtout dans la vie courante. Jésus partage toute notre existence, sauf le péché. Il se tient près de nous. Au cœur du réel, il nous interroge : quelle est ton attente ? Vainqueur de la mort, il donne sens et vie aux joies et aux peines, aux solidarités et aux échecs. La joie de Pâques découle de l'espérance agissante comme la saveur se perçoit dans le fruit mangé. Vous et moi vivons souvent dans la grisaille. La société québécoise continue d'être tiraillée entre la générosité et le repli sur soi, le partage et l'égoïsme. Si, à la lumière des événements et des célébrations de Pâques, nous creusons notre attente, nous y rencontrerons Jésus ressuscité et le lieu de solidarités nouvelles. Joyeuses Pâques.

Le 9 avril 1990

LE GRAND PRIX DE L'ÉTÉ 1995

Au moment d'écrire ces lignes, se déroule le Grand Prix de Montréal. Je viens d'entendre à la télé un jeune conducteur québécois raconter qu'une « marraine » américaine lui a versé cette année un million et demi de dollars pour lui permettre de devenir un coureur automobile professionnel. Elle a grande confiance qu'il sera bientôt un champion. Ce fait me rappelle que des gens investissent beaucoup d'argent et d'efforts dans des événements qui se passent chez nous. L'été de la région métropolitaine sera jalonné de festivals. Concerts de musique dans Lanaudière. Festival de jazz. Celui de l'humour. Festival du film. Théâtres d'été. Excursions familiales en ville et en régions. Et bien d'autres manifestations culturelles et sportives. Comme chaque année, les Québécois ne chômeront pas pendant leurs vacances. Par centaines de milliers, ils chercheront détente, sens et vie dans des activités de ce genre.

Aurons-nous les mêmes possibilités sur le plan spirituel ? À l'été 1963, alors que j'étais étudiant en Europe, je me suis confessé à un prêtre canadien aujourd'hui décédé. Suite à l'exposé de mes fautes, il commença sa monition en disant : « le temps des vacances est désastreux pour la vie spirituelle ». Ma surprise passée, j'imaginai qu'il devait dire cette phrase à tous les pénitents ! Il faut plutôt savoir que la période de l'été offre des expériences humaines profondes. Pour les gens « workaholics », le temps libre permet de s'ouvrir à des valeurs complémentaires à celles du travail et de la productivité. Les assistés sociaux, les chômeurs et les retraités ont l'occasion d'entrer en communion plus fréquente avec la nature et, donc, d'y rencontrer Dieu toujours à l'œuvre dans la création. Sans parler des multiples contacts que la vie en plein air favorise avec des voisins à découvrir et à aimer, que ce soit à « balconville » ou dans des endroits de villégiature.

Il existe même un tourisme religieux principalement actif pendant la période estivale. Plusieurs terrains de camping offrent des célébrations dominicales où le vécu des vacances est mis en relation avec Dieu. La visite des belles églises, anciennes et modernes, ravive notre sens du sacré. Le Son et Lumières à la basilique de Québec nous met en contact avec nos racines historiques et spirituelles. Les grands sanctuaires nationaux, au Cap-de-la-Madeleine, à Sainte-Anne-de-Beaupré, à l'Oratoire Saint-Joseph, vont accueillir, à eux trois, plus de deux millions de fidèles cet été. Chacun de ces sanctuaires, d'ailleurs, célèbre une neuvaine de prières et une grande fête soit en juillet, soit en août. Chaque année, la basilique Sainte-Anne-de-Varennes reçoit plusieurs centaines de pèlerins pour la neuvaine et la fête de sainte Anne, le 26 juillet. À Kahnawake, dans moins d'un mois, se tiendra au Sanctuaire de Kateri la Conférence nord-américaine Kateri Tekakwitha.

Le temps des vacances est propice à la prière. Qui plus est, il nous aide à en mieux saisir la source et la nature. Trop souvent, nous concevons d'abord la prière comme un devoir envers Dieu. Pas étonnant que nous voulions en prendre congé pendant l'été. L'élévation de notre être vers le Seigneur, pourtant, est davantage le résultat de l'action de l'Esprit en nous que celui de nos initiatives personnelles. Bien sûr, prier exige un effort de notre part. Mais ce déplacement réside dans le mouvement de notre accueil du don divin. De ce point de vue, la prière en nos cœurs sera d'autant plus fréquente que nous nous serons ouverts souvent à la manifestation de Dieu. Le temps des vacances fourmille d'occasions inédites de découvrir et de rencontrer le Seigneur. Parfois, la participation aux grands événements touristiques séculiers nous laisse déçus et vides. Pourquoi ne chercherions-nous pas le Grand Prix de l'été 1995 dans des attitudes d'attention et d'écoute à l'égard de Celui qui est déjà là au cœur des activités de vacances, celles des loisirs humains, celles du tourisme religieux ?

Le 12 juin 1995

L'AMOUR DE L'ENFANT
ET LA LIBERTÉ DE LA MÈRE

On parle beaucoup de l'avortement ces jours-ci. Il est difficile, toutefois, de trouver là un dialogue. Les positions sont tranchées. Des personnes me disent : vous êtes évêque ; nous savons déjà ce que vous pensez sur le sujet. Est-ce à dire que la doctrine catholique sur la vie humaine occulte la Bonne Nouvelle pour les gens d'aujourd'hui ? Personnellement, j'ai le sentiment que l'enseignement de l'Église en cette matière est plutôt porteur de libération et de joie que d'oppression et de mort. Une collaboratrice m'invitait récemment à entendre l'Évangile dans le cri des femmes. Elle m'a demandé si je savais pourquoi des femmes se faisaient avorter, si je connaissais les souffrances et les blocages vécus par ces femmes. J'avoue que ces questions m'ont aidé à voir la relation qui devrait exister entre les normes concernant le respect de la vie et les éléments qui guident une femme dans sa décision de poursuivre ou non sa grossesse. L'amour de l'enfant est une nécessité ; la liberté de la mère a aussi son importance vitale. D'ailleurs, la vie donnée à un enfant sera d'autant plus orientée vers le succès qu'elle aura été portée par une mère responsable, libre et joyeuse.

Le défi à relever concernant la réduction de l'avortement est donc de créer des conditions telles que les femmes enceintes choisissent librement de poursuivre jusqu'à son terme la vie commencée en elles. Cela peut paraître utopique. Beaucoup diront : la nature humaine est blessée par le péché ; l'égoïsme l'emporte souvent sur la générosité et autres choses du genre. Pourtant, des œuvres comme celles de mère Teresa, les maisons Marie-Lucille, à Longueuil, et Rosalie-Jetté, à Montréal, ont fait ce pari. L'accompagnement, l'affection et la confiance permettent à des jeunes filles enceintes de faire un choix en faveur de la vie. Par contre, dans diverses situations, notre société empêche des êtres humains, hommes et femmes, de pouvoir envisager avec sérénité et responsabilité une vie à naître. Aimer ces personnes exige de nous de les aider de manière telle qu'elles deviennent aptes à faire un choix authentiquement libre.

À plusieurs reprises, les évêques du Canada et du Québec ont invité les membres du Peuple de Dieu à s'engager pour la promotion du respect de la vie humaine. Une telle action doit se déployer sur différents niveaux. Bien sûr, il faut combler le vide juridique occasionné par le récent jugement de la Cour suprême. Conformément à l'esprit manifesté par la Charte des droits et libertés de la personne, peut-être est-ce dans la ligne d'une définition du fœtus comme sujet de droits qu'il faudrait aller. C'est aux législateurs d'agir. Ceux-ci le feront d'autant plus aisément, cependant, que les citoyens auront démontré leur respect et leur amour de la vie humaine depuis la conception. Aussi, les chrétiens doivent se considérer comme impliqués dans ce combat pour la promotion de la vie. Il revient aux communautés chrétiennes, avec l'aide de leurs pasteurs, de trouver les moyens les plus appropriés pour assurer aux femmes qui connaissent une grossesse non voulue les services et les structures de soutien qui permettront à ces dernières de librement choisir en faveur de la vie.

Des personnes vont demander si l'avortement est désormais permis, compte tenu de la décision de la Cour suprême du 28 janvier dernier. Sur le plan de la moralité, la réponse est évidemment la même qu'auparavant. L'avortement est la destruction d'une vie humaine commencée. Nul être humain n'a le droit de décider de mettre fin à une vie qui est participation à celle de Dieu et qui est appelée à se développer en vie éternelle. Ce qu'il faut ajouter, c'est que la vie morale exige aussi que des humains engendrent dans la liberté et la responsabilité. Pour y arriver, nous avons tous besoin les uns des autres. La promotion de la vie chez le fœtus est un devoir pour la mère. Le respect de celle-ci dans la décision relative à sa grossesse et l'aide pour lui favoriser un choix authentiquement libre sont les devoirs qui incombent à chacun de nous.

Le 8 février 1988

UNE ESPÉRANCE LIBÉRATRICE
AU CREUX DE LA MOROSITÉ

La vie de notre milieu est fortement marquée par le paradoxe en cette fin d'année 1992. Interrogés en octobre et novembre derniers sur leur vision des prochaines années, les Québécois voient l'avenir tout en rose. Ils en ont assez de la morosité. Économie, politique, vie sociale : les conditions seront meilleures au tournant de l'an 2000. Plus on est jeune, plus on se détache du fond de pessimisme qui a coloré le passé récent. Par ailleurs, la récession économique n'en finit pas de provoquer des fermetures d'entreprises et de miner les beaux acquis du « Québec inc. ». Le taux de chômage ne décroche pas de son niveau élevé. Les suicides de jeunes et la violence des gangs se multiplient et deviennent endémiques. Devant cet avenir incertain, les chrétiennes et les chrétiens ont-ils une responsabilité ?

À l'aube de 1993, je formule de bons vœux de joie, de paix, de santé à l'intention de mes sœurs et frères humains. Avec sincérité, je prie Dieu de donner à chacun-e bonheur, prospérité, succès. Toutefois, sachant que le Seigneur respecte la liberté humaine et les conséquences de nos actions, j'appréhende que la nouvelle année ne soit guère meilleure que la précédente. Du moins en apparence. Au cœur des problèmes tels que le décrochage scolaire des adolescents, l'isolement affectif de nombreux jeunes, l'expansion dramatique des MTS, l'effet appauvrissant du chômage, nos analyses sont si superficielles et nos solutions si timides que nous ne touchons pas les racines du mal. C'est de la pensée magique de croire que les mêmes causes ne produiront pas les mêmes effets.

Est-ce à dire qu'il faudrait aller plus loin dans l'abîme et le désarroi avant de connaître un sursaut et la joie ? Personne ne se complaît dans la morosité. Aucun ne souhaite vivre une catharsis provoquée par l'échec. Il n'empêche que, pour sortir de l'émiettement communautaire et du marasme économique, nous ne pouvons pas faire l'économie d'un regard pénétrant sur la source de nos malaises et d'une sérieuse remise en cause de nos comportements. Trop souvent, nous réglons de façon superficielle les problèmes rencontrés. Nous sommes sensibles à nos droits ; peu à nos devoirs. Nous favorisons des solutions improvisées qui ne comblent que rarement les besoins réels. Nous élaborons des projets sociaux pour les familles, les jeunes, l'éducation, l'économie sans jamais identifier les valeurs de base qui vont en assurer la permanence et le succès.

Le dimanche 20 décembre dernier, *Second Regard* interviewait des jeunes enfants sur la fête de Noël. La majorité étaient des immigrants. Dans un très beau français, ils ont parlé de cadeaux, bien sûr, mais surtout d'amour, de joie, de partage, de la fête de Jésus. Ces jeunes font partie de familles confrontées aux difficultés actuelles de notre milieu. Ils savent, néanmoins, indiquer la source d'une espérance libératrice au creux de la morosité. Pour nous, croyantes et croyants chrétiens, la venue du Fils de Dieu en notre humanité change radicalement les données de nos problèmes. Il partage nos aspirations profondes et milite avec nous dans les luttes pour la justice. Sa mort et sa résurrection donnent sens et vie à nos échecs et à nos réalisations. Quelque lourd que soit le quotidien, chacun-e de nous a un bel avenir parce que le Seigneur vient. Il est là, déjà. De nombreux exemples le montrent. Comme le berger s'éloigne momentanément de son troupeau pour chercher sa brebis perdue, des femmes et des hommes délaissent délibérément un emploi stable ou une vie confortable pour cheminer, dans l'affection, le partage, la solidarité, avec des analphabètes, des assistés sociaux, des chômeurs, des décrocheurs, des itinérants, des personnes seules et/ou violentées. D'autres cherchent, de façon évangélique, dans l'action ou la prière, à faire réussir le projet des humains dans le monde des affaires, de l'éducation, des groupes populaires, des paroisses, des sciences et de la technologie. Ce sont ces personnes qui donnent visibilité au Christ ressuscité et nous soutiennent dans l'espérance chrétienne. Ce sont elles qui assurent la réalisation de nos vœux. C'est avec elles que l'Esprit de Dieu nous invite à être une Église communautaire et missionnaire. Ensemble, nous sommes appelés à être signe du Christ vivant qui bâtit aujourd'hui en notre monde limité le Royaume de Dieu.

Le 21 décembre 1992

LE BÉNÉVOLAT ET LES VOCATIONS

L'an dernier, une directrice du Centre de bénévolat de la Rive-Sud m'invitait à faire l'expérience de téléphoniste bénévole, pendant une matinée, au point de service de Longueuil. Ces quelques heures m'ont permis de constater qu'un tel bénévolat est exigeant. Il nécessite une information exacte sur les services publics, parapublics et privés disponibles. Il demande du doigté, car l'interlocuteur n'est pas toujours habile dans la formulation de sa demande. Il postule la politesse et le respect de l'autre, quels que soient les sentiments exprimés par ce dernier.

Un peu partout, on se plaint qu'il est difficile de recruter de nouveaux bénévoles. Il faut constater, cependant, que notre milieu produit des milliers de bénévoles. Le monde du sport amateur et des loisirs repose essentiellement sur des personnes qui assument généreusement la responsabilité des organisations. Centraide, la Croix-Rouge, les Popotes et autres œuvres humanitaires comptent sur le bénévolat pour atteindre leurs objectifs. Les clubs sociaux vivent du temps donné par des membres souvent accaparés par ailleurs. Évidemment, la pastorale a, elle aussi, ses forces vives bénévoles. Le succès de Renouveau et de l'opération Initiation sacramentelle, l'animation de la liturgie et des comptoirs d'entraide dépendent principalement de la contribution gratuite de milliers de chrétiens dans notre Église diocésaine.

Bien sûr, tout n'est pas parfait dans le bénévolat. Il arrive que des individus y viennent par désir de gloriole ou de pouvoir, ou encore que des responsabilités soient confiées à des personnes qui n'ont pas les aptitudes requises ou l'expérience pertinente. Il n'empêche que le bénévolat demeure un haut lieu pour certaines valeurs importantes. Générosité, solidarité, partage, gratuité constituent de nécessaires roues motrices de tout bénévolat durable et de qualité. Pour beaucoup de personnes, l'engagement bénévole devient une véritable école de formation personnelle et sociale. Des gens timides et repliés sur eux-mêmes y ont rencontré l'ouverture aux autres et la confiance en soi. Un grand nombre de leaders ont fait leurs premières expériences dans un mouvement de jeunes ou un club social.

Nul doute que le bénévolat est bénéfique aux personnes qui s'y adonnent. Mais son mérite s'étend bien au-delà des individus. Il est nécessaire aux sociétés elles-mêmes. À cause de la diversité des besoins à satisfaire, les gouvernements sont appelés aujourd'hui à intervenir souvent dans la vie des citoyens et des groupes sociaux. L'égalité des chances pour tout le monde et la répartition équitable des richesses requièrent des programmes qui ne peuvent venir que de l'État. Il en résulte parfois une bureaucratisation coûteuse et une démobilisation dommageable. Le bénévolat contribue largement à un équilibre des forces sociales par une dynamique à laquelle participent des gens d'horizons divers. Il permet aussi d'assurer un complément de services et d'activités utiles qui, autrement, n'existeraient pas.

Enfin, le bénévolat comporte une dimension spirituelle indéniable. En causant avec des bénévoles, il m'est arrivé plusieurs fois d'entendre que ces personnes avaient approfondi leur foi chrétienne au cœur de leur engagement. Il y a des germes du Royaume de Dieu dans le bénévolat. L'attention aux autres dans le service rendu, la gratuité, le don de soi, la volonté de répondre à un besoin réel sont des illustrations modernes du Jugement dernier présenté au chapitre 25 de l'Évangile de Matthieu. Les chrétiens ne peuvent rester insensibles devant la réalité vécue par des bénévoles. Pour l'homme d'aujourd'hui, le témoignage rendu à Jésus Christ au sein des organismes à but non lucratif est souvent mieux perçu et accepté que l'interpellation directe à ne pas négliger ses devoirs religieux.

La vie de l'Église elle-même ressemble étrangement à ce qui se vit dans la société civile. Elle aussi reçoit un apport considérable dans l'action des bénévoles. Sans ces derniers, elle serait tout autre. Sûrement moins communautaire et fraternelle. Le bénévolat aide à bâtir la communion entre les personnes et à rendre compte des valeurs évangéliques. En cette semaine de l'Action bénévole, je rends hommage à toutes les personnes bénévoles, où qu'elles œuvrent. Je souligne aussi que, dans les communautés de l'Église, nous avons un besoin vital de gens bénévoles pour animer et faire vivre les mouvements spirituels, les œuvres apostoliques et les opérations pastorales. En cette semaine qui est également celle des vocations, j'invite les fidèles à redécouvrir que la militance et le service des autres sont des lieux privilégiés pour entendre l'appel de Jésus à chaque croyant.

Pour faire un monde humain et une Église vivante, Dieu a voulu avoir besoin de nous. À chacun de répondre à son appel.

Le 10 avril 1989

MORT ET RÉSURRECTION
DANS L'IMAGINAIRE QUÉBÉCOIS

Quand j'étais jeune prêtre, l'image qu'on se faisait de la réalité québécoise s'alimentait au christianisme et idéalisait l'Église. On disait des personnes en vie consacrée et des prêtres qu'ils avaient choisi « la meilleure part » ; ces femmes et ces hommes étaient portés sur la main. La populaire émission *Rue des pignons* présentait un jeune vicaire ouvert, sympathique, zélé. En 1960, lors des élections provinciales, un parti politique publiait une brochure où apparaissaient tous ses candidats ; chacun avait dans son C.V. ou un frère, ou une sœur, ou un oncle, ou une cousine dans la prêtrise, en vie religieuse ou en missions. Chaque semaine, la télévision nous faisait vivre une *Soirée canadienne* où le curé de la paroisse siégeait au milieu des notables.

Aujourd'hui, c'est plutôt l'inverse. Quelques tenants du laïcisme utilisent régulièrement les médias pour nous dire que le Québec doit se libérer au plus tôt de l'aliénation causée aux jeunes par l'enseignement religieux. Plusieurs téléromans comportent des prêtres parmi les personnages principaux ; les attitudes et comportements de ces ministres sacrés des générations antérieures à la nôtre manifestent, c'est le moins qu'on puisse dire, peu d'expérience spirituelle et de sens pastoral. Il est de bon ton désormais de refaire la lecture de l'histoire du Québec en montrant une Église qui aurait été cruelle, exploiteuse, mesquine ; les allégations concernant la vie dans les établissements de santé et de services sociaux du passé, de même que certaines affirmations touchant les valeurs véhiculées par l'éducation catholique d'antan burinent une image extrêmement sévère de l'Église de nos mères et de nos pères. Loin de moi l'idée de réclamer la censure. À la condition d'éviter la confusion et la diffamation, l'écrivaine et le créateur ont le droit de puiser dans leur imagination et de forger des êtres de fiction bien caractérisés et même outranciers. De tels personnages nous dérangent mais nous obligent à réfléchir et à faire la part des choses. Les propos agaçants nous aident à tester nos capacités de liberté et de tolérance. Il faut cependant ne pas être naïf. L'équilibre dans la présentation des personnages fictifs constitue un élément important de la vie en société. Quand tout l'imaginaire se situe à l'un ou à l'autre extrême du mouvement pendulaire, les risques sont grands que la fiction soit prise pour la réalité. N'est-ce point ce que nous avons vécu jadis et ce que nous vivons maintenant ? Des événements-chocs nous ramènent alors à la réalité.

Pour ce qui est du passé, tels furent le cas du rapide déclin de l'Église institutionnelle du Québec et la révélation d'agressions sexuelles de la part de certains particuliers dans le milieu ecclésial. Ces derniers gestes sont évidemment intolérables. Tout cela a fait très mal. Ces phénomènes de mort ne doivent pas cependant cacher l'action de Jésus Christ chez les humains et le témoignage des chrétiennes et des chrétiens qui vivent de Dieu et de l'Évangile dans leurs limites et fragilités humaines. C'est le lot d'un grand nombre de croyants et croyantes.

Dans l'humilité et la confiance, nous devons agir pour que l'imaginaire collectif québécois soit de nouveau animé par des événements et des personnages qui nous tirent en avant, nous proposent un idéal, nous ouvrent un avenir. Qu'attendons-nous pour susciter des créateurs chrétiens, témoigner de notre expérience spirituelle, occuper la place qui nous revient dans l'imaginaire de notre peuple ?

Pour que cela se fasse, il faut, d'une part, encourager les jeunes et les adultes qui ont du talent à s'exprimer avec beauté et sens et, d'autre part, faire valoir la distinction entre fiction et histoire. Une chose est de créer des personnages attirants ou exécrables, une autre de juger des personnes et du service qu'elles ont rendu. Il me semble que les relectures historiques actuelles quant au rôle de l'Église dans le passé sont injustes et mensongères. Tout n'a pas été parfait jadis mais le dévouement et l'action de la très grande majorité des gens d'Église n'ont pas été, dans les écoles, les hôpitaux, les paroisses d'hier, ce qu'on en dit aujourd'hui. Je m'étonne, par exemple, du peu de cas que l'on fait actuellement, dans les analyses des crèches, des orphelinats, des asiles des années 1950, du Rapport d'enquête Bédard, Lazure, Roberts paru en 1962 ainsi que des études historiques de niveau doctoral publiées ces dernières années sur le travail des communautés religieuses en milieu social.

Il est grand temps que cessent les allégations et que vienne la compassion. Des gens ont souffert et sont encore malheureux ; je l'entends. Mais cela est vrai de l'une et de l'autre parties. C'est le rôle de l'Église d'accueillir et d'aider les pauvres et les marginalisés. De façon discrète, elle le fait déjà. Elle pourra se donner entièrement à tous ceux et celles qui crient au secours lorsqu'on l'aura libérée des allégations et des soupçons qu'on fait peser sur elle sans jamais aller jusqu'à ce jour à des accusations criminelles. Pâques est tout proche. Chaque croyante, chaque croyant est invité à une démarche personnelle de conversion et à l'accueil de la joie pascale. L'Église et la société, elles aussi, ont à mourir à leur péché et à renaître à la vie du Ressuscité. Vous et moi pouvons y contribuer en notre vie personnelle, mais également en accueillant le mystère pascal en nos institutions.

Le 22 mars 1993

UN TEMPS NUPTIAL

Le mariage religieux foisonne en début d'été. Même si la cohabitation maritale s'est accrue récemment, le nombre de mariages célébrés à l'église, d'année en année, demeure sensiblement le même. Mais ce qui est fascinant, c'est la réaction unanime qu'entraîne une invitation à des noces. Dans toutes les familles, les célébrations nuptiales correspondent à des fêtes de joie et de vie à nulle autre pareilles. Rien d'étonnant à ce qu'on y vienne revêtu de ses plus beaux atours. Le sacré habite naturellement les promesses de fidélité.

En même temps, depuis une vingtaine d'années, une opportune sensibilité s'est développée à l'égard des conjoints qui connaissent une séparation ou un divorce. En certains milieux, cela va plus loin. On souhaite que les divorcés réengagés soient accueillis inconditionnellement dans l'Église. Rarement s'exprime, toutefois, la nécessaire distinction entre l'accueil de la personne impliquée et celui de la situation vécue. Par ailleurs, un certain discours sexologique a fini par jeter le soupçon sur la chasteté et la maîtrise de soi. On affirme qu'un être normal, après un échec de sa vie de ménage, doit « refaire sa vie » pour demeurer sexuellement actif et ainsi s'épanouir.

Pourtant, le discours de l'amour humain est bien différent. Les fiancés authentiques voient leur amour comme un dynamisme qui se recrée sans cesse. Il leur paraît aberrant que nous évoquions la possibilité que, avant sa maturité, leur projet avorte. L'amour est fait pour durer. À quelques reprises, en causant avec des femmes séparées ou divorcées qui désiraient vivre une seconde union, j'ai été frappé par leur volonté de bâtir un nouvel amour qui, cette fois, serait indissoluble. Notre fidélité est extrêmement fragile. Bien téméraire, la personne qui prétend dicter à autrui la voie à suivre. Cependant, la faiblesse humaine ne doit pas nous empêcher de voir l'essence des choses et d'espérer en vivre.

C'est le cas pour le mariage. Loin d'être un seul contrat qui définit les droits et les biens de chaque conjoint, le mariage est d'abord un projet de vie à deux. Évidemment, un tel projet aura d'autant plus de chance de durer que la communion entre les deux personnes sera profonde ; l'engagement de l'un à l'égard de l'autre, authentique ; la créativité du couple, le résultat de l'un et de l'autre partenaires. On n'a jamais fini de connaître quelqu'un. Le mariage de deux humains, quelle qu'en soit l'expérience quotidienne, s'ouvre toujours sur la totalité et l'infini de l'amour.

Comme Dieu n'est jamais étranger à ce qui est humain, Il est impliqué dans ce projet de vie à deux qu'est le mariage. L'amour de la femme et de l'homme qui s'engagent ensemble sans réserve, qui se donnent l'une à l'autre sans limites va dans le sens d'une union qui devient de plus en plus signe de la totalité et de l'infini de l'amour. Leur unité et leur fidélité sont le signe du don de Dieu dans l'alliance de salut, de l'action du Christ pour l'Église.

Pour les baptisés, le mariage est sacramentel parce qu'il est une part et le reflet de ce que Dieu fait pour nous. Il est indissoluble car le Seigneur est fidèle, quelle que soit notre propre fidélité.

Ce mystère est grand, disait saint Paul. Il est vécu par des humains bien fragiles. Pour cette raison, la préparation au mariage sacramentel comporte des exigences qu'il ne faut jamais sacrifier. L'aide de la communauté chrétienne aux fiancés doit permettre à ceux-ci de s'engager avec réalisme, foi et espérance dans la voie de l'amour. Cette même communauté doit aussi avoir le souci d'assister les couples au moment de leurs difficultés, comme de valoriser les ménages en santé. Le Conseil diocésain de la pastorale exprimait de telles convictions récemment. Les membres de notre Église diocésaine ont-ils cette attention et cette vigilance nécessaires aux couples et aux familles ? Il revient à chaque communauté chrétienne de manifester que notre Église veut aller dans ce sens.

Le 23 mai 1989

ÉDUQUER À LA PAIX

Le Conseil diocésain de pastorale a consacré, cette année, deux séances à l'étude de la violence faite aux femmes, aux aînés, aux jeunes. Des recommandations ont été votées à l'intention soit des communautés chrétiennes, soit des instances régionales ou diocésaine. Elles seront acheminées à qui de droit en temps opportun. Dans ses propositions, un des ateliers a particulièrement insisté sur l'éducation à la paix. C'est là un besoin essentiel, principalement chez les jeunes. La violence conjugale et familiale, le non-respect des aînés et des enfants originent et se nourrissent d'attitudes telles que l'insécurité, l'oppression, la peur, la volonté de domination. Autant d'obstacles à l'expérience de la paix.

Certains philosophes définissent la paix comme « la tranquillité dans l'ordre ». Bien sûr, celle-ci peut se retrouver à des niveaux différents. Dans l'ordre politique et social, cette « tranquillité » résulte habituellement d'un équilibre garanti par des lois et des forces armées ou policières. Elle est un bien précieux mais souvent vulnérable. Les conflits fréquents et les intérêts divergents la mettent à dure épreuve. Autre est la paix que les personnes et les communautés connaissent. Il s'agit alors d'une harmonie intérieure, d'une joie stable, d'une confiance réciproque, d'un fruit spirituel. Cette profondeur de paix vient toujours des œuvres de justice, de solidarité, d'Évangile. En définitive, la paix appartient au Règne du Christ.

Éduquer à la paix exige davantage que l'apprentissage des comportements sociaux, la soumission à l'ordre établi, la morale du « chacun devrait balayer le devant de sa porte ». Pour les disciples de Jésus, éduquer à la paix implique la pratique des Béatitudes et un engagement continu à l'égard des valeurs du Royaume de Dieu. Pour être fidèles à l'Évangile, les baptisés doivent promouvoir des sociétés caractérisées par l'entraide, la fraternité, la justice, la participation, la responsabilité. Changer le monde, disait Vincent Cosmao, o.p., une tâche pour l'Église. Oui, il nous faut, aujourd'hui, un nouvel ordre mondial. Mais attention ! Non plus un monde dont l'éthique est basée sur la domination et la puissance — *power and might* — mais un nouvel ordre développé par la solidarité et le partage.

Les jeunes sont ouverts à de telles perspectives. Autant certains d'entre eux peuvent-ils aimer les G.I. Joe, les Rambo et s'adonner à la violence dans leur milieu, autant la grande majorité des enfants savent vibrer aux idéaux de paix, de solidarité et admirer les vrais témoins. Les adolescents sont capables de bien s'informer d'une situation, de comprendre les véritables enjeux d'un conflit et d'évaluer des comportements à l'aide de la grille des Béatitudes. Il importe que l'expérience familiale, l'enseignement scolaire, les mouvements de jeunes offrent à ces derniers un cadre favorisant de telles expériences. Sans endoctrinement ni prosélytisme mais avec ouverture et vérité. En ce sens, ces semaines-ci, l'organisme Pacijou et le Syndicat de l'enseignement de Champlain invitent les élèves du primaire et du secondaire à participer à un concours coopératif en imaginant des jeux, des jouets et des contes pour la paix. Cela me paraît excellent. Éduquer à la paix, changer les mentalités à l'égard de la violence, est-ce là une utopie ? Alors que sévit la guerre du Golfe persique, que s'accroissent les taux de violence familiale, bien des sages pensent que oui et recommandent des « approches réalistes ». Au nom même du réalisme, il faut montrer que les solutions vraies et durables en matière de collaboraton et de paix sont au-delà des intérêts égoïstes et du conformisme social. Elles sont disponibles dans l'humanité nouvelle inaugurée par Jésus ressuscité. La foi chrétienne révèle que la douceur, la justice, la miséricorde, la paix, le pardon constituent un régime de vie plus humain que les valeurs à la mode dans les sociétés de compétition.

Au cœur d'un monde assoiffé de bonheur et de plénitude, travailler à ce type de qualité de vie est pour l'Église d'aujourd'hui un test de sa crédibilité ; faire crédit au dialogue et à la paix, un témoignage de son espérance.

Le 25 février 1991

Appeler et accueillir les jeunes

Il m'arrive de temps en temps de rencontrer des adolescents et des jeunes. Je les trouve beaux et bons. Habituellement, ces garçons et ces filles vivent un engagement de groupe à l'école secondaire, dans la pastorale-jeunesse, la Relève, la liturgie, les Octogones ou le scoutisme. Je dois avouer, cependant, qu'ils ne sont jamais nombreux. Ils font figure d'une élite très isolée de la masse des jeunes. Où sont donc ces derniers ? Que vivent-ils ? Pour que l'Église soit un signe parlant du Christ à cette génération, quelles connivences devraient exister entre les jeunes et les communautés chrétiennes ?

Chaque année, le Dimanche de la Jeunesse pose ces questions. En 1987, le thème choisi, « jeunes, tant à dire... tant à vivre », suggère aux fidèles des paroisses le dialogue et des solidarités avec les jeunes. De tels liens sont de nature à enrichir les uns et les autres. Je constate, toutefois, qu'il est difficile d'ajuster les attentes et les longueurs d'ondes. Beaucoup d'adultes sont braqués sur la pratique liturgique et ne voient la foi chrétienne qu'en termes de messe dominicale. De leur côté, la majorité des jeunes cherchent l'Évangile en dehors de l'institution ecclésiale et n'ont pas encore saisi la nature de l'eucharistie.

Quels ponts établir pour que l'Église et les jeunes retrouvent leur confiance mutuelle ? L'attitude de Jésus fournit la réponse. Il a appelé et aimé des disciples. Il leur a proposé les exigences du Royaume de Dieu. On pourrait penser que, dans sa perfection, le Seigneur trouverait ses amis brouillons, inconstants et agaçants. Ce ne fut pas le cas. Il a recherché leur présence, les a souvent écoutés, les a valorisés en les envoyant en mission. L'amitié entre eux et lui s'est développée grâce à son accueil et à son amour, mais aussi dans le fait que sa prédication rejoignait leurs attentes profondes. Le Royaume de Dieu met en lumière la perfection de l'être humain.

Les communautés chrétiennes poursuivent la mission de Jésus. Comme lui, elles ont à appeler et à accueillir les jeunes. Elles trouvent en eux des désirs et des expériences de fraternité, de justice et de partage qui sont un enrichissement et un appel à un plus-être. Les jeunes, eux aussi, évangélisent la communauté. En retour, celle-ci peut leur apporter soutien, valorisation et enseignement. Les jeunes ont besoin d'entendre la vérité sur le sens de la vie, de l'amour, de la sexualité, de la souffrance. Ils ont le droit, dans l'accueil inconditionnel de leur personne, de connaître le message et l'action de Dieu concernant l'épanouissement humain.

La communauté chrétienne est ce lieu voulu par le Christ pour lier le destin des jeunes à celui du Règne de Dieu. À nous, gens de l'Église, de relever avec les jeunes ce stimulant défi. Que ferons-nous à cet égard, le 25 octobre 1987 ?

Le 19 octobre 1987

Peine de mort et projet de société

La population canadienne est fortement polarisée concernant l'utilisation de la peine de mort comme châtiment de certains homicides. En 1976, le Parlement du Canada s'est divisé en deux blocs quasiment égaux sur le sujet. Pas étonnant qu'aujourd'hui la question revienne. Notre Église a-t-elle une contribution à offrir dans ce débat ?

Les textes de la Révélation judéo-chrétienne ne tranchent pas la question. On peut trouver des phrases de la Bible pour motiver l'une et l'autre positions. Jésus lui-même n'a donné aucune directive précise à ses disciples sur la peine de mort. Il a toutefois posé des gestes liant davantage le Royaume des cieux au pardon des offenses qu'à l'application stricte des peines prévues par la Loi juive.

À deux reprises, les évêques du Canada ont pris la parole sur le sujet. Ils invitent leurs concitoyens à situer le débat dans le cadre du respect de la vie humaine. Celle-ci est violentée de toutes parts. Dans notre société, la délinquance et le crime sont alimentés par les facteurs de vie sociale tels que « chômage, dislocation des familles, exploitation des pauvres, discrimination, prolifération des idéologies déshumanisantes, pornographie et drogue, exaltation de l'argent comme valeur suprême, etc. ». Sans minimiser la gravité de l'homicide, il y a lieu de considérer que le criminel baigne dans un climat de violence dont nous portons tous une part de responsabilité. Avant d'établir sa peine, il est bon de nous rappeler qu'il revient à « celui qui est sans péché de lui lancer la première pierre ». Pour les chrétiens, la vie humaine est sacrée. Elle est un don de Dieu qui seul est le Maître de la vie. L'enseignement du pape et des évêques le répète constamment. L'avortement, le meurtre et le suicide sont des crimes, non pas d'abord parce qu'ils sont inscrits au Code criminel du Canada, mais parce qu'ils sont des atteintes directes à la vie d'êtres humains créés à l'image de Dieu. La vie humaine du criminel est sacrée elle aussi. Si on devait mesurer le respect de la vie dû à chacun selon ses mérites, la plupart d'entre nous connaîtrions des temps difficiles. Fort heureusement, mérites accumulés et droits à l'amour et à la vie sont deux choses distinctes. Cela est vrai de tout être humain, quelle que soit son histoire.

Si nous voulons assainir la société, il nous faut « briser le cycle de la violence contre tout être humain ». Cela commence dans la famille. On affirme que les conjoints violents ont été des enfants battus ; que les déviants sexuels et les violeurs furent sexuellement abusés durant leur enfance. Le vandalisme dans les villes et la violence au hockey préparent la délinquance de demain. En tous ces domaines, ce n'est pas la répression qui va régler les problèmes. C'est l'éducation à la responsabilité. C'est l'élaboration d'un milieu fait de confiance, d'amour, de justice et de pardon. Il en est de même dans le domaine plus grave des crimes contre la vie.

Il est prévu que, dans les prochaines semaines, les parlementaires canadiens auront à voter sur la question de la peine de mort. Ils le feront en leur âme et conscience mais en notre nom. Ce sujet nous intéresse donc de façon directe. Sans nous substituer à la conscience de nos élus, il importe que nous leur fassions connaître nos sentiments et nos attentes relativement au maintien de l'abolition de la peine de mort. Le projet de société sera différent si la décision des députés rétablit la peine de mort au Canada ou en maintient l'abolition. L'éclairage de l'Évangile et l'expérience de notre société militent en faveur de l'affirmation du caractère sacré de toute vie humaine.

L'espérance chrétienne et les forces présentes en notre monde nous font opter pour le maintien de l'abolition de la peine de mort. Il est indiqué que nos communautés chrétiennes le fassent savoir aux députés qui nous représentent à Ottawa.

UNE HUMANITÉ RADICALEMENT NOUVELLE

Un journaliste m'a demandé récemment ce que je pensais de Pâques. Je lui ai parlé de Jésus ressuscité d'entre les morts. Il m'a alors questionné sur la présence du Seigneur dans le monde d'aujourd'hui. Le texte de l'Évangile de Matthieu m'est venu à l'esprit : « J'ai eu faim, vous m'avez donné à manger... j'étais un étranger, vous m'avez accueilli... »

Pour beaucoup de contemporains, croire en la résurrection de Jésus est difficile. Sa divinité leur apparaît un énoncé gratuit. La foi des croyants risque d'être davantage déiste et sociologique que chrétienne et communautaire. Dans ce contexte, la fête de Pâques revêt une importance particulière. Elle nous rappelle la Révélation des faits accomplis par Dieu pour nous.

La foi de l'Église vit de la résurrection du Christ. En surgissant de la mort par la force de Dieu, Jésus inaugure une Humanité Nouvelle. Il est le premier membre d'une famille radicalement transformée au sein de l'humanité issue d'Adam et d'Ève. Parce que Jésus est vivant, désormais toutes choses sont nouvelles sur la terre. Mais c'est en espérance qu'elles nous sont données (*Rom* 8,24).

La contemplation de Dieu et la prière fervente nourrissent la foi. Mais des croyances religieuses autres que chrétiennes offrent aussi une route vers l'Absolu et l'expérience du spirituel. Ce qui est propre au christianisme, c'est que l'Emmanuel change radicalement notre vie quotidienne, donne sens et avenir à nos souffrances et à nos échecs. Dans le Christ, tout devient grâce.

Au journaliste qui m'interrogeait l'autre jour, j'ai parlé de l'Humanité Nouvelle à partir des expériences vécues dans des petits groupes où se manifeste la vraie vie. Quand des jeunes émergeant d'une culture inédite trouvent le moyen de communiquer vraiment avec les adultes et de se solidariser avec une société de justice et de paix, le Seigneur est à l'œuvre ; j'étais un étranger et vous m'avez accueilli.

Lorsque des détenus, privés de liberté et de considération sociales, utilisent leur « temps » pour développer une intériorité chrétienne et des amitiés durables et solidaires, Jésus y est vivant. L'engagement pour la justice dans le tiers monde et les milieux québécois défavorisés se vit sous les modes de l'appui, du partage et du changement social ; j'étais prisonnier et vous êtes venus me voir.

Bien des gens cherchent, dans leur milieu social et dans l'Église, à changer les rapports homme-femme. D'autres promeuvent l'équité dans les relations majorité-minorité. Le développement de la coresponsabilité dans les communautés chrétiennes se modèle sur la vie d'une famille stable et heureuse. Des groupes de prières accueillent avec amour des personnes isolées et, souvent, éprouvées. J'ai eu soif et vous m'avez donné à boire.

Des familles monoparentales et des divorcés retrouvent la paix, la joie de vivre et l'amour. La plupart du temps, ce sont des semblables qui les ont aidés. Dans l'échec et la souffrance, grâce à l'amitié et à la vérité, naissent l'espérance et la fierté retrouvée. J'étais nu et vous m'avez vêtu. Oui, Jésus est vivant au cœur du monde. La prise de conscience de cette réalité structure la foi sur son essentiel. C'est cette connaissance qui fait comprendre pourquoi il importe aux chrétiens de se rassembler dans des communautés pour célébrer, réviser, développer la vie. L'écoute de la Parole de Dieu, les sacrements, la fraternité, l'engagement dans le monde quotidien ne sont pas d'abord des devoirs moraux. Ce sont des activités normales d'une famille qui sait ce qui la tient en vie.

TROISIÈME PARTIE

LE MÉTIER D'ÉVÊQUE

« J'ai été très surpris lorsqu'on m'a demandé si j'acceptais de devenir évêque de Saint-Jérôme », confiait Bernard Hubert au journaliste de la revue Prêtre et Pasteur. « J'étais responsable de pastorale d'ensemble depuis dix mois seulement... J'ai accepté parce que j'avais la certitude que c'était un devoir pour moi. Ce projet m'a été présenté comme tout prêt, déjà mûri : il ne me restait qu'à cueillir le fruit. Ce n'était pas l'aboutissement d'un projet personnel ou la réalisation d'un rêve, mais plutôt un imprévu que d'autres avaient préparé... Après une nuit d'insomnie, j'ai dit oui. »

Et si c'était à refaire ? — « Je recommencerais, parce que mon service d'évêque a été fait de mois et d'années de joie très profonde. Une tâche comme celle que j'ai assumée, c'est l'occasion d'une expérience personnelle du Christ et un poste d'observation unique pour discerner l'action de l'Esprit Saint dans l'Église. »

Cette troisième partie veut évoquer la figure de l'animateur apostolique qu'a été Bernard Hubert. Appeler les jeunes à vivre la mission chrétienne dans le monde d'aujourd'hui, interpeller les fonctionnaires, proposer au personnel pastoral une stratégie d'évangélisation, négocier le dossier des femmes dans l'Église, justifier les positions économiques et sociales de la conférence épiscopale, autant d'occasions d'élaborer et d'appliquer les principes de justice sociale et les valeurs évangéliques qui ont inspiré son « service d'évêque ».

151

HOMÉLIE DE MGR HUBERT
À SON ORDINATION ÉPISCOPALE

Excellence Monseigneur le Pro-Nonce apostolique,
Mes frères dans l'épiscopat,
Chers collaborateurs, prêtres, religieux et laïcs,
Frères et sœurs dans le Christ Jésus,

Au terme de cette célébration liturgique, je veux vous remercier, vous tous, d'être venus vous joindre à moi pour prier le Seigneur de rendre mon épiscopat fécond. J'exprime ma reconnaissance à Son Excellence Mgr le Pro-Nonce apostolique qui a bien voulu accepter de me conférer l'ordination épiscopale. Sa présence dans cette cérémonie rappelle à chacun de nous les liens d'attachement et de fidélité qui m'unissent à Sa Sainteté Paul VI, évêque de Rome et pasteur de l'Église universelle. Je remercie les évêques qui sont venus, aujourd'hui, m'accueillir dans le collège des successeurs des apôtres et qui m'ont imposé les mains en signe de ma vocation à l'apostolat. En particulier, je salue l'archevêque de Montréal, Mgr Paul Grégoire, apôtre placé par le Seigneur au point de convergence de tous les courants qui circulent en notre société. Je lui dis mon intention de collaborer entièrement dans cette équipe épiscopale qu'il anime au niveau de la région métropolitaine. En devenant évêque de Saint-Jérôme, j'accepte un défi considérable. Je prends la relève d'un prêtre et d'un pasteur qui, pendant vingt ans, a marqué d'une influence apostolique le peuple de Dieu qui lui était confié. Il me fait plaisir, d'ailleurs, de souligner que Mgr Frenette et Mgr Coderre, évêque de Saint-Jean qui est ici présent, célèbrent aujourd'hui même le vingtième anniversaire de leur consécration épiscopale. En assumant la responsabilité que Mgr Émilien Frenette a laissée en juin dernier, je tiens à dire que je veux me situer en continuité avec les objectifs pastoraux qui ont été les siens à travers les vingt ans d'histoire de ce diocèse. Je viens donc m'inscrire dans ce milieu pour y prêcher l'Évangile de Jésus Christ et pour y inviter les hommes à bâtir une Terre Nouvelle qui soit le Royaume de Dieu.

Ce territoire de Saint-Jérôme, chacun le sait, est un monde dynamique et une société engagée sur la voie de profondes transformations. L'information sur la vie qui s'y déroule donne rapidement à l'observateur intéressé le sentiment que cette région est un prototype de la société de demain. Pour moi qui ai, désormais, la responsabilité d'amener les hommes de ce milieu à y édifier le Corps du Christ, je relève certains traits de ce monde en formulant l'hypothèse qu'il s'agit là, probablement, de coordonnées importantes pour fixer le cadre d'insertion de l'Église d'aujourd'hui dans la pâte humaine. Je pense au tourisme qui illustre déjà ce que seront les joies, les limites et les ambiguïtés d'une civilisation du loisir. Il en est de même de l'infrastructure socio-économique manifestée par l'organisation scolaire, par les prévisions du système routier et par les plans d'aménagement du territoire, infrastructure axée, de toute évidence, sur les besoins de l'avenir. Enfin, il me semble que la réalisation d'un vaste aéroport international va apporter avec soi, non seulement le développement de l'industrie dans la région, mais aussi l'établissement d'une économie de services variés et nombreux qui sont caractéristiques de la société postindustrielle.

Tout semble, ici, projet d'innovation et de communications nouvelles. Et pourtant, le portrait de l'homme qui habite cette région apparaît comme celui d'un être perplexe. Il semble tiraillé entre les promesses de l'avenir et les dépouillements du présent. Il fait l'expérience que la réciproque du changement, c'est le dépouillement. Aussi, ce n'est pas sans souffrir qu'il quitte le patrimoine familial exproprié ; qu'il donne aux visiteurs une partie de son espace ainsi que le silence et la propreté de son domaine. Mais il y a plus encore. Dans ce monde nouveau qui se fait, des hommes d'ici semblent avoir la conviction que les valeurs de progrès, de participation et de libération qu'on leur a promises continuent à leur échapper. L'obligation, d'une part, de se renouveler sans cesse pour répondre aux exigences du travail et, d'autre part, d'entrer dans des mécanismes complexes pour obtenir une insertion efficace sur le plan social les laisse avec le goût de semblables valeurs et avec l'incapacité pratique d'y parvenir. Dépouillés de leur sécurité d'emploi et d'une appartenance vraie à une communauté humaine, certains groupes de personnes vivent dans l'insécurité et dans l'isolement face au dynamisme déployé par les gens bien intégrés à notre société. Dans ce milieu de Saint-Jérôme, il y a des artisans d'un monde neuf et des gagne-petit. L'Évangile que le Seigneur m'envoie proclamer s'adresse aux uns et aux autres. Je voudrais que cet Évangile de Jésus Christ apparaisse aux yeux de tous comme la Bonne Nouvelle d'un salut, celui qui rejoint l'homme dans ses projets les plus intimes, les plus chers. Dans le monde de remise en question qui est le nôtre, d'aucuns se demandent ce que l'Église peut avoir à offrir à des hommes qui façonnent le devenir d'une région, ou encore, ce qu'elle peut apporter à des citoyens qui se sentent aliénés. La réponse à ces questions nous est donnée justement dans le message qui est resté le même depuis le temps de l'annonce de l'Évangile par les apôtres. Pour ma part, à tous ceux qui cherchent, d'une manière ou de l'autre, la promotion de l'homme et qui ne refusent aucune collaboration, je veux dire ce que l'apôtre Pierre répondait à un homme qui lui demandait de l'aider ; il lui disait en substance : « je n'ai ni argent, ni modèle de développement, ni spécialité en animation, mais ce que j'ai, je vous le donne ». Certes, la nature d'une pareille contribution n'est pas nécessairement désirée de prime abord. Pour en connaître la valeur, il faut passer par le chemin de la foi, entrer dans l'intimité de quelqu'un qui veut livrer son expérience. C'est pour cette raison que le Seigneur dira à des disciples qui cherchent à le connaître : « venez et voyez ».

À vous tous, jeunes qui cherchez une expérience de l'Absolu, hommes et femmes qui tentez de construire un monde plus humain, au nom du Christ je veux vous dire la même invitation : venez et voyez. Venez, c'est-à-dire posez un regard attentif sur l'Église de Dieu pour trouver en elle, non seulement des éléments humains, mais l'Invisible qui y habite et qui, seul, peut donner une ouverture réelle sur l'amour. Je sais que venir chez quelqu'un, cela suppose de la confiance en cette personne et un certain crédit à ce qu'elle peut apporter à autrui. Pour répondre à ce besoin, il est utile de savoir que les chrétiens de ce diocèse ont voulu assurer leur crédibilité par une attention concrète et soutenue à l'égard des démunis et des délaissés.

Venez et voyez, c'est-à-dire découvrez, à travers les exigences de la foi vécue en Église, comment la construction du monde devient efficace quand, dans une mort et dans une résurrection avec le Seigneur Jésus, les changements atteignent surtout les mentalités et les cœurs. Le monde en gestation apparaît alors comme le lieu de l'espérance, c'est-à-dire de cette certitude que, à travers les échecs, les lenteurs, les rebuffades, les succès et les joies, il se fait un monde meilleur, plus fraternel et plus humain. Mais il faut savoir, aussi, que cette assurance concernant un Peuple d'hommes enfin libérés ne peut être acquise que dans la rencontre du Seigneur ressuscité et que dans l'expérience d'une insertion au sein d'une communauté d'amour.

Il m'apparaît, toutefois, que cette recherche d'homme doit s'accomplir dans le monde de ce temps. C'est pour cette raison que notre comportement de chrétiens s'ouvre sur un engagement social qu'il faut enraciner dans l'espérance chrétienne. Dans l'Église de Saint-

Jérôme, au cours des mois et des années à venir, nous allons avoir l'occasion de découvrir ensemble, au fil des événements du milieu et de ceux de la communauté chrétienne, les dimensions de cette attitude qui permet la construction du Corps du Christ. Nous aurons ensemble à nous rappeler mutuellement qu'il n'y a pas d'espérance sans la patience qui caractérise l'adulte dans son action dans le monde, sans la persévérance de celui qui a des certitudes concernant l'issue finale et sans la joie de celui qui sait pour qui et pour quoi il agit. Animés de ces sentiments, nous apporterons, dans une création en attente, la révélation des fils de Dieu et nous annoncerons aux hommes autour de nous que « notre salut est objet d'espérance ».

Le 12 septembre 1971

Épiphanie (voeux des religieux)   +   le 8 janvier 1995

I Évangile de l'Épiphanie

1. chercheurs de Dieu (mages, astrologues)
   - perdant la trace mais continuant
   - font peur à Hérode, à Joseph et à Marie
   - font la rencontre de Dieu à Bethléem

2. message révélé
   - la lumière est à Jérusalem
   - salut pour tous les peuples (cocâu)
   - d'invitation du missionnaire

II Épiphanie aujourd'hui

1. chercheurs de Dieu
   - quête de sens pratiqué tous azimuts
   - menace à l'Église, aux chrétiens
   - porteur d'appels, d'interpellations

2. la mission aujourd'hui
   - ouverture au monde (médias), à tous les publics
   - accueil de la diversité chez nous
   - partage respectueux de notre foi chrétienne

Concl | - de la parole aux actes
      | - participation à des instances : paroisse, P.G.S., ...
      | - eucharistie

MESSAGE À UN MOUVEMENT DE JEUNES CHRÉTIENS

Homélie prononcée à Montréal,
lors d'un rassemblement de jeunes,
membres du Service de préparation à la vie (SPV)

En février dernier, au nom de mes confrères dans l'épiscopat canadien, je suis allé en Asie participer à un séminaire groupant une trentaine d'évêques. La grande majorité de ceux-ci venaient des différents pays de l'Asie. Sept sur les trente venaient des pays de l'Ouest. À Séoul, en Corée, une ville de huit millions d'habitants, j'ai vu un développement fantastique. Partout dans la ville, des habitations dans des maisons de rapport de quinze étages sont en construction. On ne peut pas faire autrement, en circulant dans cette cité, que de se dire : il y a ici un boom économique extraordinaire.

J'ai vu aux Philippines qu'on est en train, là aussi, de faire rapidement l'industrialisation. Dans les journaux, le président, qui gouverne par la loi martiale, ne parle que de « société nouvelle ». On y met cependant une signification différente de celle que vous présente le thème de ce week-end.

Il y a quelques années, je suis allé au Brésil, un pays du tiers monde qui connaît lui aussi un développement économique assez rapide. Je fais l'hypothèse que, dans deux ou trois ans, on constatera au Chili ou en Argentine qu'il y a là aussi une explosion économique.

Mais ce développement apparent, axé sur une croissance économique rapide dans le but de combler le fossé entre pays riches et pauvres, s'accompagne de malaises certains. J'ai causé pendant une matinée avec des jeunes travailleurs de Séoul pour apprendre de leur part que pour réaliser cette croissance économique ils étaient assujettis aux conditions ouvrières du XIXe siècle en Angleterre. On y travaille sept jours par semaine, de dix à douze heures par jour, et le salaire quotidien se situe entre deux et trois dollars américains. Il y a des syndicats, mais ce sont ceux du gouvernement ; alors, les travailleurs n'y sont pas intéressés. Ceux qui osent contester l'organisation économique sont mis en prison.

J'ai vu aux Philippines, dans l'île de Samar, en plein centre de l'archipel, des pêcheurs pauvres. Comme au temps de Jésus, ils vont à la pêche pendant la nuit, dans des embarcations non motorisées. Ils partent le soir dans une chaloupe à rames ; ils reviennent le matin, avec un seau qui n'est pas tout à fait rempli de petits poissons. Depuis des siècles, ces gens-là vivent de cette façon. L'industrialisation rapide de la région pollue les eaux aux abords de l'île. Ils ne sont pas en mesure de se payer des embarcations motorisées. Il y a cependant moins de poissons à courte distance de l'île.

Dans ces deux pays d'Asie, on est soumis à une propagande intense. Dans la zone démilitarisée qui sépare les deux Corée, j'ai été moi-même soumis à une session de propagande cousue de fil blanc, sans intelligence, cherchant à nous faire comprendre qu'on défendait là la liberté. Là aussi, comme en Amérique latine, on parle de Sécurité nationale. Et l'Église hiérarchique, tant en Corée qu'aux Philippines, est divisée. Certains évêques sont proches des autorités gouvernementales. D'autres contestent la violation fréquente des droits humains. Un évêque de Corée qui a fait partie de notre séminaire a passé d'ailleurs dix-huit mois en prison ; aujourd'hui, dans son peuple, il est un Helder Camara. D'autres évêques se situent entre les deux premiers groupes, ne sachant pas quelle position prendre. Dans ces malaises apparaissent des droits qui sont bafoués, des libertés qui sont aliénées. Le droit à l'autodétermination de ces peuples ; le droit à recevoir une information sur ce qui se passe, sur les objectifs qui sont effectivement poursuivis ; le droit au développement humain intégral sacrifié pour la croissance économique.

Cette situation dramatique se retrouve aussi chez nous, un pays que l'on dit plein de ressources, riche de cultures diverses. Culture française, culture anglaise, culture des immigrants venus d'Allemagne, d'Ukraine, culture des Amérindiens. Un pays qui proclame très haut qu'il professe la liberté mais où il y a aussi des malaises certains. Par exemple, le chômage qui, nous annonçait-on hier soir, ira en s'accroissant au cours de l'été. Un pays qui commence à connaître des actes de racisme ; où on élabore des politiques inspirées de cette nouvelle philosophie appelée Sécurité nationale ; où les Amérindiens sont bafoués.

Il y a quelques semaines, un évêque de mes amis est allé dans le Nord-Ouest canadien, à Baker Lake, endroit où le spoutnik russe s'est écrasé l'hiver dernier. Il y a appris que dans la recherche des débris du satellite on avait utilisé des compteurs Geiger car on craignait qu'il y ait de la radioactivité. Cela avait permis de découvrir que, dans la région de Baker Lake, il y a de riches gisements d'uranium. Des Amérindiens habitent cette terre. On n'a pas pris le temps de les consulter. On est en train de s'organiser pour développer cette terre riche en uranium. Les Amérindiens protestent auprès des autorités fédérales. Jusqu'à maintenant, ils n'ont pas été entendus.

Mais tout cela n'est pas vrai qu'en dehors du Québec. Cela est vrai aussi chez nous. La loi 101, pour donner justice à la majorité et protéger les droits de celle-ci, s'impose à une minorité qui est convaincue que sa possibilité de survie a peu compté dans le débat. Ici encore, une Église est attentive à la situation, mais elle n'ose pas prendre la parole à ce sujet avec force, clarté, elle préfère une parole prudente invitant à chercher et à faire que nous vivions tous dans l'unité. Comme on l'a rappelé il y a quelques jours, des droits sont aussi brimés par le chômage, ce vice de la structure du travail qui enlève un droit strict au travail à 10 % de la main-d'œuvre et, l'été prochain, à 11 % de celle-ci. Ailleurs, chez les Amérindiens, c'est le droit à l'auto-détermination qui est en question. Ici, chez le citoyen ordinaire, ce sont les libertés individuelles qui sont menacées.

Sur le plan local, nous avons créé des situations analogues. Par rapport à la jeunesse, nous avons adressé tellement de louanges à celle-ci qu'elle s'est transformée en un bloc qui se cherche, une réalité qui ne sait plus qui elle est. Dans notre société, la jeunesse est devenue un nouveau dieu et des adultes regrettent de ne plus être à l'âge des jeunes. Nous sommes une société qui ne sait pas où elle va et dont les milieux mêmes où nous vivons sont pris de différents malaises.

Le cégep, les quartiers, les milieux paroissiaux voient les responsables se distancer de la base en même temps qu'on invite les gens à abandonner les décisions aux technocrates. Là aussi existe une forme subtile de propagande, celle d'une invitation à sans cesse consommer, avec la conséquence que les gens s'enlisent dans l'avoir et aliènent leurs responsabilités. Ici, le droit à la liberté intérieure est brimé puisqu'on est sans cesse occupé à toujours consommer davantage. Là, la confusion sociale empêche le droit à l'information sur ce que nous vivons dans un milieu et, finalement, le droit de la personne à parvenir à une autonomie réelle.

Voilà un tableau plutôt sombre, j'en suis fort conscient. Mais puisque nous sommes chrétiens, peut-être pouvons-nous interpréter ce tableau de façon utile, y déceler des appels à l'engagement ? Notre foi au Christ Jésus permet-elle de vivre une espérance authentique dans ces réalités ? Le texte de Matthieu que nous avons écouté tout à l'heure apporte un éclairage sur ces situations vécues dans le monde, la société canadienne et nos milieux locaux. Matthieu relate cet épisode où la mère des fils de Zébédée se présente à Jésus et lui demande naïvement que dans le Royaume ses deux fils siègent, l'un à la droite de Jésus et l'autre à sa gauche. Voilà une demande qui n'est guère différente des propos de beaucoup de puissants qui, dans la société mondiale ou la société locale, se disent : il est normal que nous recevions tel bénéfice.

Ce qui me frappe dans le récit évangélique, ce n'est pas la demande exprimée, c'est la réponse de Jésus. Il est très sévère. Il refuse même de donner une réponse. Il renvoie ses interlocuteurs à la décision de son Père. Devant les autres disciples indignés par l'audace de cette mère de famille, il exprime sa conception quant aux véritables intérêts qu'il faut servir. Il affirme que le Royaume est caractérisé par une mentalité de service et non pas une mentalité de gain, par une préoccupation des droits de ceux qui sont autour de soi plutôt que la volonté de réclamer et d'assurer ses propres droits.

Sur le plan mondial comme au Canada et dans nos milieux respectifs, des gens sont au service de leurs intérêts. Quels sont ces intérêts ? Est-ce un intérêt personnel recherché principalement dans une attitude de serviteur, comme le propose Jésus à tous ceux qu'il appelle ? Sans mentionner les chefs de ce monde ou ceux qui sont en relation avec les puissants de la terre, c'est à eux qu'il s'adresse pour leur rappeler que les biens qui nous sont confiés ou que nous recherchons ne nous appartiennent pas de façon stricte. Nous en sommes les gérants. Aussi, nous devons administrer ce qui nous a été confié avec la perspective obligée de la justice et du partage.

Nous faisons des analyses sur les systèmes économiques, tant ceux du modèle capitaliste — ils nous sont les plus familiers — que ceux des pays socialistes. À ce sujet, il est peut-être utile de remarquer que, petit à petit, d'une année à l'autre, le nombre de régimes d'idéologie marxiste augmente. Aujourd'hui, ce ne sont plus seulement la Russie, l'Europe de l'Est et quelques pays de l'Asie qui ont une économie d'inspiration marxiste, mais une large part de la corne africaine partage le même régime. Sur la carte du monde, des pays changent d'allégeance. Nos analyses doivent nous amener à nous demander si, pour autant, ils poursuivent des objectifs différents. Quelle que soit la société, quels sont les intérêts effectivement poursuivis ? Sont-ce des intérêts de pouvoir et de prestige comme ceux que demandait la mère des fils de Zébédée pour les siens ou des valeurs de service et de justice ?

Nul doute que les analyses de la société que nous pouvons faire sont très importantes et, à cause de cela, qu'il nous faut nous donner des instruments d'analyse. Autrement, les fils de la lumière seront encore en retard sur les fils des ténèbres. Mais nous devons faire une vérification des conclusions obtenues dans ces analyses. Il s'agit non pas de prendre n'importe quelle analyse à la mode mais de travailler à partir de la réalité en nous donnant des instruments adéquats. À ce sujet, grilles d'analyse et conclusions sont à vérifier dans le milieu propre où nous vivons. Il est un peu trop facile d'identifier et de dénoncer des injustices qui ont cours très loin de chez nous ; il est plus engageant de regarder ce qui se passe dans nos milieux.

Ainsi, nous pouvons nous interroger sur ce qui se vit dans les cégeps depuis la création de ces institutions scolaires en 1967 et chercher à savoir s'il y a là un lieu d'authentique vie intellectuelle ou si ces institutions sont un terrain où des pouvoirs s'affrontent sur le dos des étudiants. La vérification des conclusions de nos analyses doit se faire chez nous, tout comme l'engagement de service dont parle Jésus dans l'Évangile prend tout son sens quand il est vécu dans le « pays réel », selon l'expression chère à Jacques Grand'Maison. Cela veut dire que pour ceux qui sont des jeunes, c'est dans le milieu « jeunes » que doivent se vivre ces réalités de l'analyse sociale et de l'engagement.

Par ailleurs, je trouve intéressant de rencontrer des garçons et des filles qui sont engagés, qui se prennent en charge, qui deviennent autonomes. Toutefois, je me demande de temps en temps s'ils ne sont pas en train de créer une nouvelle élite qui va, elle aussi, se distancer de l'ensemble des jeunes. Présentement, on ne peut pas dire que la plupart des groupes de jeunes se prennent en charge dans notre milieu. Comme pasteur, cela me préoccupe. Je suis conscient que certains jeunes travaillent à une authentique libération d'eux-mêmes et je suis heureux de donner mon appui à ceux et à celles qui deviennent ainsi des germes d'espérance. Mais je sens le devoir d'interroger ces personnes sur la solidarité qu'elles manifestent à l'égard des autres qui sont encore dans la dèche, qui n'ont pas encore commencé leur marche de libération.

La gestion responsable des biens et la justice sociale se pratiquent sur le plan local. C'est en devenant des participants à la base, en manifestant de la lucidité dans les activités de la vie quotidienne que nous prenons le chemin de la responsabilité et que nous pouvons vivre le service qui nous est demandé par l'Évangile. Les équipes locales auxquelles nous participons doivent servir de lieu et de temps pour faire le test de vérité de notre service et vérifier la valeur de nos analyses. Il me semble qu'il y a là un enjeu capital pour notre société et pour nous qui sommes chrétiens.

Les situations évoquées tout à l'heure dans la prière manifestent que, déjà, des jeunes sont en marche. Ils ont pris conscience de leur propre milieu et des solidarités qui existent entre leur société et les autres instances, celles qui sont plus larges que le milieu local. C'est là un motif d'espérance et une source de joie. Semblable fait doit être gardé en lumière. Il est à connaître et à reproduire. En effet, c'est dans la mesure où nous vivons cette croissance qu'il nous devient possible d'entrer dans le Royaume. Par notre action, Jésus, qui est là toujours présent, prend figure d'homme. Il devient celui qui effectivement nous rassemble. Devant nos yeux, il ouvre le chemin. Par son Esprit, il indique la Terre Nouvelle, le Monde Nouveau, la Société Nouvelle que nous voulons réaliser.

En terminant, je voudrais vous dire que l'analyse que je vous ai présentée, même si elle apparaît négative, n'est pas le fruit du pessimisme mais le reflet de ma perception du péché. Pour moi, il n'y a pas de libération possible sans que, au départ, on ait réalisé sa condition de pécheur et qu'on ait perçu la nécessité de la libération en Jésus Christ. Plus l'analyse des dynamismes sociaux s'approche de l'exactitude, plus notre conscience peut s'ouvrir au développement de l'espérance et à la conviction que Jésus est vivant, que c'est Lui qui agit par son Esprit dans ce que nous mettons en œuvre.

Ce n'est donc pas pour nous écraser psychologiquement que nous devons nous rassembler, regarder ensemble ce qui est vécu dans notre milieu et identifier les libertés qui sont aliénées. C'est davantage pour développer en nous le dynamisme reçu au baptême, prendre conscience de l'action de Jésus qui nous a libérés jusqu'à ce jour et qui nous invite à poursuivre notre route. Restons fermes dans l'espérance, restons fermes aussi dans le courage parce que le salut ne vient que dans la mort et la résurrection.

Je pense souvent au cégep ces semaines-ci. Je me demande quel jour, dans les cégeps du Québec, se lèveront les groupes de chrétiens qui y travaillent pour dénoncer ce qui est inhumain et annoncer la libération donnée en espérance. Je me rappelle que c'est dans nos milieux propres que commence l'engagement et que c'est à partir de là que celui-ci peut se développer en des solidarités plus larges. C'est aussi à cela que Jésus nous invite.

Le 5 mai 1978

DES ATTITUDES À DÉVELOPPER
DANS UN PROCESSUS D'ÉVANGÉLISATION

Exposé donné à Brossard, dans le cadre
de la journée pastorale du diocèse de
Saint-Jean-Longueuil, le 24 octobre 1995

Je vous entretiendrai brièvement des attitudes qu'il nous faut développer dans un processus d'évangélisation. Paul VI, dans *Evangelii Nuntiandi*, insiste beaucoup sur le fait que la mission de l'Église, sa nature même, c'est d'évangéliser. Il est donc très important de ne pas dissocier la mission de la communion dans l'Église. Les gens sont très sensibles à ce que nous fassions Église dans une communion de personnes. Mais cela ne peut être vrai et durable qu'à l'intérieur d'un engagement pour la mission.

Dans cette Église-communion de personnes, chargée de poursuivre la mission du Christ au cœur de notre monde, les personnes ayant un service commandé — comme les prêtres, les agents et agentes de pastorale — doivent être très soucieux de cette mission de l'Église. Ce n'est pas tout de rassembler les gens pour susciter la fraternité et la réconciliation ; il faut surtout que le service des prêtres, des agents et agentes de pastorale centre l'ensemble de la communauté sur la mission.

Les attitudes à développer dans le processus d'évangélisation sont d'abord celles des évangélisateurs eux-mêmes. Je me remets donc en cause personnellement et je nous remets en cause, nous, les agents et agentes de pastorale et les prêtres. Nous aborderons ces attitudes en relation avec chacune des dimensions de la mission de l'Église : éducation de la foi, fraternité-coresponsabilité, célébration et prière, engagement dans le service du monde.

L'éducation de la foi

La Parole de Dieu fait naître et grandir en nous la foi. Comme le disait saint Paul : « La foi vient de l'écoute de la Parole.» Cette ouverture et cette disponibilité vont venir, au fond, manifester notre engagement dans le service de l'éducation de la foi, dans la liberté personnelle qui nous engage. C'est toute la question du « Je crois en Dieu » : la personne que je suis, la personne que chacun-chacune d'entre nous constitue, affirme son adhésion à Dieu. C'est une ouverture et une disponibilité qui sont un accueil, une adhésion à la Personne de Jésus qui nous est présentée dans la Parole.

C'est cet acte personnel qui va nous permettre de dire que nous sommes des évangélisateurs, en nous rappelant que c'est Dieu qui nous précède dans l'action pastorale ; c'est lui qui nous fait grandir. On pourrait penser ici à toutes les paraboles de l'Évangile : le grain de sénevé et les autres où il est question de la croissance du Royaume de Dieu. C'est toujours l'initiative de Dieu. L'Église a la mission de poursuivre le rôle du Christ dans le monde.

Nous ne sommes pas là comme des artistes qui ont à façonner une matière inerte que seraient des croyants à former. Nous sommes en relation avec des personnes qui ont une liberté, qui sont appelées par Dieu. Nous ne sommes que des instruments. Ce n'est pas nous qui appelons, c'est Dieu qui appelle les humains à Le rencontrer, à Le connaître, à vivre avec Lui dans l'Église. Ce que nous pouvons faire c'est donc de faciliter cette interpellation de Dieu en sachant que Dieu ne s'impose jamais, mais qu'Il se propose. C'est donc dire qu'il n'y a pas à harceler les personnes quand on est en contact avec des gens qui demandent le baptême ou que leur enfant soit initié aux sacrements de l'Eucharistie ou de la Confirmation. C'est une proposition que nous leur faisons au nom de Dieu.

Croire en la personne, faire confiance à ces personnes, c'est aussi reconnaître qu'elles ont la capacité de se reprendre quand elles se sont arrêtées, la capacité de grandir à partir de ce qu'elles sont et de vivre dans la liberté. Il faut donc que cette confiance en la personne, en sa capacité de grandir vienne développer le désir, l'attente que l'on a et que Dieu a déjà déposée dans le cœur de chaque être humain invité à entendre Sa Parole. Que les gens découvrent, par l'attitude que l'on a à leur égard, que « la Parole est douce comme le miel », comme disait le prophète.

Si ce sont nos propres attitudes que nous mettons en cause et non pas celles des personnes avec qui nous allons travailler, il faut que nous nous donnions nous-mêmes les moyens de croître, il faut développer de la force et du courage. Cela veut dire accueillir, puisque ce sont des dons de l'Esprit Saint que nous avons d'abord reçus dans la confirmation de façon éminente. Et là, nous pourrions reprendre la Parole de saint Paul : « Malheur à moi si je n'évangélise pas ! » Il nous faut donc, pour l'éducation de la foi, une détermination qui s'enracine dans ces dons spirituels qui sont nôtres et que peut-être, de temps en temps, nous sommes portés à oublier.

La foi, ce n'est pas une connaissance acquise une fois pour toutes, une expérience livresque de capacités de dire des choses ; c'est une démarche qui est vécue et qui nous appelle à grandir dans cette rencontre de la vérité. On ne possède pas le contenu total de la foi. Je ne puis jamais dire : « Je suis croyant, donc j'ai tout ce qu'il faut. » Ma foi est une réalité appelée à s'approfondir, à se développer, à rayonner. Et cette foi, si elle se développe, c'est toujours au cœur de l'existence humaine. Dieu se révèle à nous, Il vient à nous d'une manière qui est toujours imprévue de notre part. On ne commande pas la venue de Dieu ; c'est Lui qui se manifeste. L'Évangile d'ailleurs dit que l'Esprit souffle où il veut. C'est donc à l'intérieur de notre existence humaine que Dieu est à rencontrer, à chercher, à découvrir.

Une autre attitude pour un meilleur service de l'éducation de la foi, une foi qui grandisse et se développe, c'est le sens missionnaire qui nous tourne vers l'avènement du Royaume. Quand on regarde les Actes des Apôtres, qu'on fait la lecture de ce que les premiers disciples de Jésus ont compris, on y retrouve toute la question de la foi qui naît de la Parole. Cela veut dire, au fond, non seulement se convertir au Ressuscité, mais aussi militer, se joindre aux autres pour proclamer la foi en ce Ressuscité. C'est la communauté qui évangélise.

C'est l'Église qui annonce, transmet, interprète la Parole. Et c'est dans la mesure où je communie à cette Église que je suis un membre et non pas un être extérieur à cette Église ; c'est dans la mesure où je m'identifie à cette communauté que je peux vraiment, à travers l'action de la communauté, proposer la révélation de Jésus Ressuscité. Cela suppose que je sois en service à la mission. Nous ne sommes pas propriétaires de la mission ; nous en sommes les serviteurs.

En lien avec la communauté fraternelle

La vraie communauté ne vient pas de manipulations extérieures ou d'une chaleur tellement intense que ça vient fusionner les membres comme si quelque chose d'en dehors venait leur permettre d'être en communion. La communauté, au contraire, est un lieu de liberté. Et on pourrait dire qu'une communauté est d'autant plus vivante qu'elle respecte chaque personne, qu'elle tient compte des individualités, qu'elle fait exister les membres personnellement, qu'elle est capable de nommer les personnes. Quand il y a un anonymat, cela veut dire que les personnes qui sont membres n'ont pas été tellement rencontrées, accueillies et respectées dans ce qu'elles sont.

Il faut donc que nous développions dans notre évangélisation une fraternité qui permette à chaque personne de se sentir elle-même libre et en communauté avec les autres membres. Nous ne sommes pas des maîtres de cette fraternité, ni des experts sur tout ce qu'il faut faire pour vivre comme une vraie personne engagée en communauté. Mais nous sommes des frères et des sœurs qui cherchent, dans le dialogue, à bâtir cette fraternité, cette coresponsabilité.

Puisque nous ne façonnons pas la communauté comme si nous en étions les maîtres, il nous faut être nous-mêmes en disponibilité pour grandir dans la fraternité, il faut une disposition à nous laisser convertir, à vivre avec les autres et à entrer dans un amour qui bâtit la fraternité.

La tolérance

La tolérance n'est pas négation ou refus du conflit ou de l'affrontement mais, de manière positive, l'acceptation de l'autre en tant qu'autre, tel qu'il existe dans sa différence, et l'acceptation de sa différence qui va jusqu'à l'aimer tel qu'il est. On sait que notre monde est une société diversifiée ; on la qualifie de pluraliste. De plus en plus, des particularités vont faire que cette communauté à laquelle nous appartenons va sembler émiettée, apparaître souvent en opposition.

Si nous voulons développer une tolérance qui soit un amour de l'autre dans sa différence, il nous faudra être attentifs au droit à la différence, au rythme qu'ont les gens. Souvent, on voudrait que les personnes avec qui on chemine aillent selon ce qui nous paraîtrait être le rythme de tout le monde ; alors que, dans la réalité, la grâce de Dieu agit dans la liberté et selon les cheminements des personnes. Ainsi, l'attention au droit à la différence, c'est aussi une capacité de pouvoir cheminer tel qu'on le désire dans sa liberté ; c'est aussi le respect de la conscience.

Ce n'est pas toujours facile finalement d'associer l'énoncé qui nous vient de l'Évangile, porté par la communauté, et la décision que les personnes vont prendre par rapport à cet énoncé. Mais quand il y a eu véritable éducation de la foi, se manifeste la capacité d'accepter que la conscience de la personne soit celle qui apporte la décision. Cette tolérance nécessite aussi l'écoute ; elle nécessité encore, quand il y a eu des heurts, la capacité du pardon et de la réconciliation.

Créer des liens

Une troisième attitude est celle qu'on appelle l'inclusion. On dit souvent : « Est-ce que notre Église sera une Église d'exclusion en n'acceptant pas de traiter comme des membres à part entière les gens qui ont pris une distance marquée par rapport à elle, à cause de leur situation personnelle ou de leurs opinions, ou serons-nous une Église d'inclusion ? »

Le Seigneur n'est pas venu exclure des gens, il est venu appeler des gens qui étaient les mal aimés, les mal portants et il a dit qu'il était là pour les malades et non pas pour ceux qui s'estimaient les bien portants.

Cela veut dire créer des liens, faire communion avec les gens, quel que soit le cheminement qu'ils décident de vivre. Mais cela ne veut pas dire tout entériner, tout relativiser. L'Église porte les exigences de l'Évangile qui souvent nous mettent à distance de l'opinion, sans que cet écart nous marginalise ou nous exclue.

L'attitude d'inclusion cherche — dans la diversité, le rejet ou l'opposition — une certaine unité ; unité qui ne sera ni complète ni définitive, qui restera à développer. En rejoignant le besoin de Dieu qu'il y a chez tout chrétien, le besoin de célébrer, de prier, d'entendre le message de Jésus, nous trouverons la souplesse qui permet de respecter la personne appelée à adhérer librement au Christ sauveur.

Et c'est vrai aussi pour chacun d'entre nous. Nous-mêmes, nous connaissons des exclusions par rapport à l'Église, à l'Évangile, à Dieu ; nous sommes parfois en opposition avec ce que la communauté chrétienne porte comme message de l'Évangile. Nous-mêmes, nous devons désirer créer des liens et faire communion au-delà de ce qui peut nous séparer ou maintenir entre nous une certaine distance.

Transparence et audace

Tout en respectant la diversité, tout en faisant appel à la conscience des gens, nous devons affirmer que les personnes à qui nous proposons l'Évangile ont le droit d'entendre, avec cohérence et clarté, les convictions qui font partie de la vie d'un disciple de Jésus. Il ne faut pas diluer le message, comme si on redoutait que les gens aient peur. Il faut, dans le respect des personnes et la souplesse, affirmer ses convictions avec netteté, franchise aussi. Il faut une souplesse qui accepte que les gens soient en cheminement, mais sans les priver de l'exposé total de la vérité. La franchise doit caractériser cette transparence et cette audace.

La famille universelle, qui est celle de l'Église, se bâtit par la ferveur fraternelle de communautés qui sont ouvertes. Être transparents, être audacieux, c'est aussi de croire que des communautés peuvent être différentes de la nôtre sur le plan local, sur le plan des diocèses, sur le plan national. C'est dans la mesure où notre Église, notre communauté va vivre sa fraternité, sa coresponsabilité, dans l'ouverture et la communion, que l'Église universelle peut rayonner et se déployer.

La communauté au cœur du monde

La première attitude qu'on doit attendre d'un évangélisateur, c'est celle de l'écoute et de la compréhension. On sait que le Christ ressuscité est présent, est vivant au cœur de notre monde ; c'est donc en lui que se fait la rencontre du monde. Si nous sommes des évangélisateurs, nous n'apportons pas le Christ de l'extérieur pour le donner au monde comme si c'était nous qui faisions le contact. Il est déjà là : « il nous précède en Galilée » et il nous invite à expliciter son attente de contact avec le monde, son offrande de salut qu'il a déjà réalisé en sa personne. Et il nous rappelle qu'il est venu pour les petits, pour les souffrants, pour ceux qui sont des pécheurs.

Cela suppose que nous regardions ce monde auquel nous proposons l'Évangile avec un regard de sympathie : de l'amour, de la patience, de la capacité de durer dans notre travail avec les gens que nous voulons évangéliser. Capacité aussi de marcher avec les gens et de laisser se dévoiler au fur et à mesure le Christ qui chemine avec nous. Comme dans l'épisode des disciples d'Emmaüs où le Seigneur se présente d'abord comme un étranger, accompagne, chemine, écoute, essaie de comprendre. C'est à travers ces attitudes que, petit à petit, il en vient à dévoiler qui il est pour inviter à célébrer et à vivre l'espérance. L'écoute et la compréhension c'est, au fond, un regard empathique sur le monde pour y discerner celui qui est déjà là, présent, pierre d'attente du salut, souffle de l'Esprit.

Pauvreté et humilité

Dans l'économie de l'Incarnation et la Rédemption, après la mort et la résurrection, la personne de Jésus est enfouie dans la véritable aventure humaine. C'est à l'intérieur même de ce qui est vécu par les humains que le Seigneur est présent et qu'il cherche à se manifester. Si le Christ incarné dans notre nature humaine a dû passer par la mort avant d'entrer dans la gloire, il ne faut pas nous étonner que la communauté chrétienne, l'Église, ait à passer par le même chemin.

La condition chrétienne, à la manière de Jésus qui porte sa croix et qui donne sa vie, c'est une Église qui porte aussi sa croix et passe par le mystère de la mort et de la résurrection. Ce sont des pauvres qui, finalement, peuvent accéder à la condition de disciples de Jésus, non pas des gens qui en arrivent là par leur vertu et leurs mérites. Le rôle de l'Église pauvre et humble, ce n'est pas de se constituer orgueilleusement juge des vivants et des morts, mais de révéler le visage de l'amour de Dieu pour les pauvres au cœur de ce monde.

Solidarité avec les souffrants

L'Évangile est une force libératrice des situations de souffrance. Quand on regarde l'action de Dieu dans le monde, sous l'ancienne alliance, dans la vie de Jésus et au sein de l'Église d'aujourd'hui, nous constatons que l'Évangile agit de manière que les gens mal pris soient libérés et entrent avec espérance dans une condition nouvelle.

Cela veut dire que si nous voulons être de vrais évangélisateurs, il nous faut une communion très profonde avec les démunis pour leur apporter non pas un salut de l'extérieur, puisque le Christ est déjà là, mais une présence qui donne réconfort, paix, confiance. Grâce à notre compassion, nous amènerons les gens à se libérer eux-mêmes par la force de l'Évangile. Notre solidarité avec les pauvres ne signifie pas que nous sommes la personne forte qui sauve le faible. Nous sommes là en solidarité avec lui pour que l'Évangile nous libère, l'un et l'autre.

Vigilance à l'égard de ce qui contredit l'Évangile

Le monde est marqué par les ambiguïtés, il est le lieu de la mort et du Malin, même s'il est aussi le lieu de la résurrection du Christ, là où le Seigneur est vivant. Pour être fidèles à l'Évangile et à la vie qui cherche à s'épanouir, la vigilance nous permet de discerner les choses et les attitudes qui empêchent la libération par l'Évangile. Là encore, il faut pouvoir, avec franchise et audace, nommer les choses qui sont des obstacles, des contradictions de l'Évangile.

Cela requiert également une communion à l'Église pour une réciprocité dans le service. L'Église essaie de porter sur le monde un regard éclairant, en dénonçant la culture de mort (je pense ici à l'encyclique *Evangelium Vitæ*). L'Église essaie, par son enseignement, d'identifier les obstacles. On peut être plus ou moins intéressés de prendre ce chemin ; mais si nous ne sommes pas d'accord avec l'Église, à nous de manifester ce qui nous paraît moins pertinent pour lui permettre de raffiner son analyse. Mais il se peut aussi que l'Église ait à nous offrir des éclairages et une perspective que nous n'étions pas prêts à accepter à première vue.

La célébration du mystère du salut

Le premier pas, ici, est l'ouverture au mystère, à l'intelligence des réalités transcendantes. Nous vivons dans un monde de rationalité, un monde de technologie et de science et, souvent, nous sommes tentés de chercher l'efficacité de notre salut, de notre libération dans des moyens très rationnels. Il faut nous rappeler que ce n'est pas d'abord et exclusivement par la science ni par la technologie que Dieu agit. C'est par son amour et dans le mystère qu'il intervient. C'est toute la question du sens du sacré et du religieux.

Cela me rappelle cette dame qui n'avait pas voulu d'enseignement religieux pour ses enfants et qui fut étonnée, bouleversée, le jour où sa fille et son conjoint se sont tournés vers une secte pour répondre au besoin religieux qu'avait éveillé en eux la naissance de leur premier enfant.

L'ouverture au mystère, c'est la reconnaissance du besoin de sacré, du besoin religieux qui fait partie de la vie. D'où l'importance de la beauté de la liturgie, de la musique, de la paramentique (tout ce qui a trait au vêtement de célébration). Il faut du dépouillement, il faut de la sobriété, mais cela n'exclut pas la beauté. La beauté permet à l'âme de s'élever.

Joie d'être aimé, d'être sauvé

Si nous sommes écrasés par les problèmes de notre monde, par les souffrances des gens autour de nous et par nos propres misères, il y a de grandes chances que nos célébrations ne soient pas très attirantes, qu'elles ne proclament pas la résurrection. Pour célébrer, il faut se savoir aimé, se savoir sauvé. Les chrétiens vivent la solidarité avec les démunis, mais ils sont habités par la joie et l'espérance ; ils peuvent célébrer parce qu'ils savent qu'ils sont aimés.

Les sacrements, en particulier l'Eucharistie, sont des lieux privilégiés de rencontre pour célébrer Dieu et les différentes facettes de son amour. C'est l'Eucharistie qui fait l'Église comme l'Église fait l'Eucharistie, selon le père De Lubac. Avoir faim du pain eucharistique, c'est-à-dire être conduit à un comportement de louange, d'accueil et de don. Cette faim nous amène aussi à creuser le besoin de prière et de célébration. Elle nous introduit dans la communion, qui nous fait entrer dans l'offrande de Jésus et de sa vie donnée.

Respect de la vérité

La dernière attitude, en lien avec la célébration du mystère du salut et de la prière, c'est la nécessité du respect de la vérité, et de l'Église et des personnes avec qui on chemine. Il faut nous rappeler que nous ne sommes pas propriétaires des sacrements, pas plus que de la mission que le Christ a confiée à l'Église. Nous en sommes les serviteurs. C'est l'Église qui est dépositaire des sacrements ; c'est elle donc qui est la responsable des rites. Il arrive parfois que certains rites, qui sont prévus dans des célébrations de sacrements en particulier, ne nous paraissent pas très riches. On aurait le goût de les changer, en disant : « Les gens ne comprennent rien. » Au lieu d'en rester une perception superficielle, il faudrait non pas inventer de nouveaux rites, mais en découvrir le sens profond.

Jacques Grand'Maison disait redouter les gens qui saccagent les rites sans même s'apercevoir de ce qu'ils font. Comment l'Église peut-elle être sacrement du salut et du Christ qui sauve l'humanité si on saborde, sans même s'en rendre compte, les moyens que l'Église a développés à travers les siècles ? C'est elle qui est la responsable de ces rites. Respecter la vérité des sacrements, c'est respecter cette responsabilité qui est celle de l'Église. Les gens ont le droit à la vérité des sacrements.

Par ailleurs, il est évident qu'il faut respecter les rythmes des personnes, les cheminements individuels. Ce fut le cas, traditionnellement, dans la formation des catéchumènes : ils participaient à l'assemblée jusqu'au moment où se faisait l'Eucharistie, puis ils se séparaient. Pour la vérité du sacrement et de leur cheminement, ce n'était pas leur place : ils n'étaient pas encore initiés au sacrement, au mystère de l'Eucharistie.

★ ★ ★

Les attitudes que nous venons de suggérer sont d'abord des attitudes à retrouver dans notre vie personnelle, avant de les proposer aux autres. Autrement, il y aurait là quelque chose de faux qui ne manquerait pas d'appauvrir l'évangélisation. Pour développer ces attitudes dans notre vie personnelle, nous avons besoin d'être en coresponsabilité avec les autres. De même que nous voulons contribuer à développer chez les autres ces attitudes et ces comportements, les autres nous aideront aussi à mieux voir nos propres manières d'agir, et à les faire évoluer. C'est comme ça qu'on fait Église.

ALLOCUTION DE MGR BERNARD HUBERT AU CONGRÈS DE L'ASSOCIATION INTERNATIONALE POUR LA SÉCURITÉ DE L'EMPLOI

Nous ne pouvons parler de la question de l'emploi sans évoquer les profondes mutations que connaît l'économie mondiale. De nombreux analystes ont identifié deux grands phénomènes étroitement liés à l'évolution de la problématique du travail. Il s'agit, d'une part, de l'instauration d'une nouvelle division du travail et, d'autre part, de la révolution de l'informatique et de la technologie.

Ces deux phénomènes économiques ont bouleversé le domaine du travail, tant en ce qui concerne les rapports entre croissance économique et création d'emploi qu'en ce qui a trait à la stabilité de l'emploi.

De par les fonctions que vous occupez, vous êtes au service des personnes subissant les effets négatifs des réorganisations corporatives qu'imposent les maîtres d'œuvre du type d'économie mondiale que nous connaissons. Vous œuvrez auprès de gens en recherche d'emploi, de prestataires de longue durée dont le nombre croît et ne semble pas vouloir décroître de sitôt.

Vous êtes bien placés pour observer et témoigner des coûts humains et sociaux inhérents aux politiques économiques privilégiées par nos gouvernements au cours des dernières années. Les réorganisations administratives en cours dans vos ministères et directions et les modifications majeures des programmes sont elles aussi des exigences imposées par ce type de développement économique. Votre environnement immédiat vous incite probablement, vous aussi, à vous interroger sur les fins de l'économie, du travail.

Je ne suis pas un expert de l'économie ni du travail, vous vous en doutez bien. Par ailleurs, mes collègues évêques, d'ici et d'ailleurs dans le monde entier, et moi-même, nous nous sommes intéressés à plusieurs reprises à la question du travail sous l'angle de ses conséquences éthiques. J'accepte donc de réfléchir à haute voix devant vous à la dimension éthique du travail dans le cadre des transformations économiques que je viens d'évoquer.

Croissance et développement

Pendant quelques décennies, nous avons pu croire que la croissance économique et le développement des peuples allaient de pair. Pourtant, au cours des années plus récentes, nous avons assisté à des périodes de croissance qui ont été accompagnées d'une faible création d'emplois ou, tout au moins, d'une création insuffisante d'emplois pour infléchir le taux de chômage.

Certaines entreprises ont souffert des périodes de récession qui se sont succédé, d'une concurrence internationale plus vive et d'une compétitivité plus forte. Afin de se relancer dans ce contexte mondial, elles ont dû consentir des investissements plus productifs et chercher à réduire le plus possible leurs coûts de production. Cela les a conduites à investir dans des technologies favorisant une hausse de la productivité tout en réalisant des économies de main-d'œuvre.

Ainsi, plusieurs personnes se retrouvent au chômage ; d'autres sont réduites à occuper des emplois précaires. C'est dans l'ordre humain que je veux observer cette situation. C'est du point de vue social que je veux envisager devant vous cette transformation de l'économie. C'est du travailleur que je veux me faire l'écho dans les quelques minutes qui suivent.

Lorsqu'un travailleur se retrouve au chômage, du fait d'une fermeture, d'un déménagement ou d'une transformation de l'entreprise, c'est toute sa famille qui est déstabilisée. Il n'est pas besoin de s'étendre longuement sur l'effet de la perte de revenus pour l'ensemble des membres de cette famille ; on les imagine facilement. Mais il y a plus ! Ce travailleur est atteint dans sa dignité et dans le sens qu'il donne à sa vie. Les effets de cette perte de dignité rejaillissent sur les autres membres de sa famille. On connaît bien aujourd'hui les conséquences psycho-sociales du chômage sur le travailleur et sa famille. Des ruptures dans les couples sont à envisager même si, bien sûr, on ne peut restreindre le phénomène aux effets du chômage et de la précarité de l'emploi.

Plus largement, c'est le tissu social qui se trouve atteint par la situation de l'emploi que nous décrivons. La perte massive d'emplois dans une entreprise importante pour une région provoque souvent une réaction en chaîne dans des entreprises plus petites et dans les services offerts dans cette région. C'est alors toute la société qui s'en trouve déstructurée. On assiste alors à rien de moins qu'une déshumanisation générale d'une société locale ou régionale. Pour quelques-uns qui conservent des emplois très rémunérateurs, c'est la masse de la population qui se retrouve dans la pauvreté, voire la misère, avec son cortège de problèmes sociaux.

Il importe dès lors de s'interroger sur l'avenir que la situation actuelle nous réserve. Notre sens des responsabilités personnelles et professionnelles, notre intérêt collectif pour l'avenir de la société et notre préoccupation constante pour les générations montantes doivent nous inviter à réfléchir attentivement à la recherche de solutions adaptées à nos propres milieux, de même qu'à l'ensemble de l'humanité en tenant compte de la principale et de la plus importante des ressources : la personne.

Le travailleur et le capital

Lorsqu'on réfléchit à la question du travail et de l'emploi, à la transformation de l'économie et au développement des peuples d'un point de vue éthique, on ne peut s'empêcher de souligner fortement la primauté du travailleur sur le capital. En effet, si le capital est nécessaire au lancement d'une entreprise, c'est le travailleur qui produit des biens et dispense des services. Le travail est une forme particulière du génie de l'être humain au service de l'humanité.

Comme le disaient les évêques du Canada dans une déclaration d'avril 1993 : « Les politiques de plein emploi doivent s'enraciner dans la conviction que notre plus grande richesse réside dans les personnes et leurs capacités diverses. Le défi est d'investir dans les personnes en développant leurs talents. Et puisque le monde du travail change rapidement, il faut investir en priorité et dès aujourd'hui dans de nouvelles formes d'éducation et de nouveaux types de formation de la main-d'œuvre. La force créatrice de notre main-d'œuvre, voilà notre capital le plus précieux pour faire face à la crise mondiale du chômage.» (*Le chômage généralisé : un appel à la mobilisation de toutes les forces du pays*, avril 1993, n° 27.)

Dimension fondamentale du travail

Comme évêque, j'envisage le travail dans la perspective de la création. Créé à l'image de Dieu, l'être humain est cocréateur. Par son travail, il participe à l'œuvre de création d'un monde plus humain, plus équitable et plus juste. «Dans la diversité et dans l'universalité de ses formes, le travail humain est la réalisation de son humanité [...], l'accomplissement de la vocation qui lui est propre en raison de son humanité même : celle d'être une personne.» (*Laborem exercens*, n° 6, Jean-Paul II à la Conférence internationale du Travail, 15 juin 1982, p. 8-9.)

Le travail permet à l'être humain d'assurer sa subsistance, de se réaliser comme personne et de contribuer à la société. Le travail accomplit et fait grandir celui qui l'exécute. Il est le moyen par lequel l'être humain peut progresser dans son être, le moyen par lequel il devient plus humain. Il est la possibilité pour l'être humain de se réaliser en tant que personne.

Mais trop souvent, le travail écrase, dépersonnalise, ne rend pas la personne heureuse : sa liberté et son être profond n'y sont pas à l'œuvre. Un travail qui n'est pas au service de la vie n'est pas un véritable travail. Le travail peut être le lieu de la création comme de l'aliénation. Il peut être dialogue entre les personnes comme il peut être exploitation des uns par les autres. Il peut construire comme il peut avilir et détruire. Le travail apparaît donc comme un nœud où se jouent les relations humaines, un espace qui est appel à la responsabilité de la personne envers sa nation, l'humanité entière, comme envers elle-même.

Quelques réalisations

Je veux terminer cette brève réflexion en évoquant devant vous quelques réalisations qui me viennent en mémoire et qui font appel à cette vision du travail. Ici au Québec, une centrale syndicale a mis sur pied un Fonds de solidarité dont les objectifs sont, notamment, d'investir dans des entreprises afin de protéger des emplois ou d'en créer. Cette initiative de travailleurs a déjà porté des fruits notables.

Par ailleurs et dans un autre domaine, il faut signaler le Mouvement Desjardins qui est non seulement un vaste mouvement de coopératives d'épargne pour les citoyens mais qui se préoccupe d'investir dans les entreprises d'ici en plus de promouvoir auprès des citoyens l'achat chez nous afin de soutenir les entreprises québécoises et, partant, les emplois au Québec.

Enfin, on peut encore évoquer des pays qui ont fait du plein emploi une priorité, avec un succès certain.

L'Autriche et la Norvège, la Suède et l'Allemagne, sous des modalités différentes, ont accordé une place majeure au développement de l'emploi sans que ce soit au détriment de leur économie (D. Bellemare et L. Poulin-Simon, *Le défi du plein emploi*, 1986, Albert Saint-Martin). On voit là des applications concrètes des principes que je viens d'énoncer devant vous, soit : la primauté du travail sur le capital et la reconnaissance de la dimension fondamentale du travail.

Pistes d'action

J'aurai maintenant la prétention d'indiquer quelques pistes d'action qui me paraissent susceptibles d'incarner ces principes et de modifier la situation actuelle de l'emploi.

D'abord, je crois nécessaire d'affirmer l'importance des *responsabilités nationales* dans le contexte de la mondialisation. Chacun pour lui-même et collectivement, les petits pays doivent affirmer leur identité propre malgré l'environnement de plus en plus planétaire de l'économie. Tout en reconnaissant le travail des pays du G7, il est impérieux de remettre en question l'exclusive des débats entre eux et de donner une place aux autres pays qui sont actuellement largement exclus des discussions et des mouvements économiques actuels.

De plus, nos sociétés sont à la recherche de modèles de développement durable. Il me paraît que la condition première de la durabilité doit être la *solidarité*. Un modèle de développement solidaire de l'humanité présente et future suppose un développement qui ne repousse pas les problèmes vers les autres pays ni vers les générations à venir. Ce modèle respecte les personnes et les peuples et n'hypothèque pas l'avenir des jeunes. Il permet la création d'un espace économique où la satisfaction des besoins fondamentaux devient prioritaire tout en respectant les critères d'une saine gestion et du droit à un profit raisonnable. Un tel modèle suppose la concertation des différents acteurs socio-économiques. Cette concertation ne sera possible que si tous font preuve de transparence et visent le bien commun de l'humanité.

À plus long terme, un véritable changement suppose une *remise en question des styles de vie* qu'une certaine croissance et une promotion sans cesse accrue de la consommation ont mis en place. Dans les pays développés et, plus récemment, dans les pays nouvellement industrialisés, on a confondu le plus et le mieux. On s'est laissé prendre à croire que l'accumulation de biens personnels conduisait au bonheur. On s'est fermé les yeux sur le fait que ce style de vie supposait la ponction des ressources de vastes régions du globe condamnées à demeurer dans la misère.

Pourtant, le bonheur n'a pas été au rendez-vous ! Une certaine misère psychologique hante les pays riches qui sont enfermés dans cette consommation qui paraît une spirale sans fin. Sans une remise en question profonde de nos façons de vivre, sans une concertation accrue entre partenaires sociaux, sans une solidarité nouvelle, il ne me paraît pas possible de renverser la situation actuelle.

★ ★ ★

Nous pouvons avoir des vues différentes quant à la compréhension des problèmes que j'ai évoqués devant vous mais nous sommes tous dans une communauté de destin. L'enjeu auquel nous faisons face est l'avenir de l'humanité, rien de moins ! Cet avenir ne doit pas appartenir qu'aux puissants mais il est la responsabilité de tous. L'Esprit qui préside au sort de l'univers peut nous guider. Pour autant que nous y fassions appel, il sera la force qui nous permettra de trouver les solutions qui s'imposent.

Le 12 juillet 1995

LA CONDITION DES FEMMES

Aussi longtemps que les questions liées au féminisme sont débattues dans la périphérie de l'Église, tout le monde est content. Les personnes militantes, d'un côté comme de l'autre, ont du pain sur la planche. Les indifférents finissent par trouver une place où ils ne sont pas dérangés. La volonté d'amener au centre de la communauté chrétienne la discussion sur la place de la femme dans l'Église risque de « faire des vagues ». Si l'on veut préserver la paix et favoriser l'évangélisation, il importe de manifester les enjeux chrétiens de ce sujet et de dégager des points de repère utiles dans l'opération. Je vais essayer de faire cela en situant la légitimité des luttes des femmes et en proposant un éclairage théologique sur le rapport homme-femme dans la société et dans l'Église.

Bien sûr, les luttes humaines sont toujours marquées par l'ambiguïté. Cela est vrai aussi du féminisme. Il arrive que des femmes cherchent le pouvoir pour l'utiliser à leur profit. Il arrive aussi que des femmes imbues d'un idéal de justice, de partage et d'égalité veulent changer le monde pour le rendre plus humain. Conscientes des inégalités dans lesquelles elles vivent, des femmes se lèvent et font valoir leurs droits. En 1963, Jean XXIII avait vu un signe des temps dans la montée des femmes vers la vie publique. Aujourd'hui encore, devant les femmes qui militent pour l'égalité homme-femme, l'Esprit de Dieu nous convie à discerner dans les luttes menées par nos sœurs ce qui est aspiration à la justice et appel du Seigneur.

Des critères de discernement

Un premier critère utile dans l'analyse des revendications féministes réside dans l'objet de la lutte. Je laisserais aux groupes populaires le soin de mener eux-même les combats visant à un nouveau partage du pouvoir dans les secteurs social, économique et politique. Même s'il m'intéresse de connaître la place que les femmes y exerceront, j'affirme qu'il n'appartient pas à l'Église de déterminer, en tout ou en partie, les rôles dévolus aux différents agents sociaux, si les exigences de la justice et de la vérité sont satisfaites. Je retiendrais, cependant, que les revendications portant sur l'égalité et le respect mutuel entre hommes et femmes rejoignent la mission des chrétiens à l'égard de la femme. Longtemps, l'identité de celle-ci a été définie par des hommes. Aujourd'hui, les femmes veulent donner elles-mêmes, de façon responsable, un contenu à cette identité et établir par leurs propres moyens leur statut social. Parce qu'il y va de la vérité de la femme et de la justice à son égard, l'Église doit reconnaître la légitimité de cette revendication et partager avec les femmes cette quête de leur identité.

L'enseignement social des évêques nous fournit aussi des critères pour l'engagement des chrétiens aux côtés des femmes dans leur militantisme. L'être humain est appelé à une gérance responsable de l'univers. La Bible, dès le livre de la Genèse, présente l'homme et la femme comme responsables avec Dieu de tous les biens créés. Être une personne selon le plan divin signifie participer avec tous ses dynamismes à l'évolution de la terre habitée pour achever cette dernière et procurer à chaque humain ce dont il a besoin pour une vie digne et décente. Quand les femmes veulent découvrir par elles-mêmes leur identité et définir leurs statut et rôle, dans le respect des fins inscrites par Dieu dans la création, elles vont dans le sens d'une gestion responsable. Lorsqu'elles s'engagent pour affirmer leur liberté profonde et manifester une authentique maturité, elles rejoignent une dimension éthique fondamentale. Mais la vie humaine est marquée par le péché. Il ne suffit pas de promouvoir une gestion responsable. Il faut aussi corriger des situations injustes, des structures entraînant de l'oppression. Là aussi, les femmes engagées dans des luttes pour la justice sociale expriment une autre dimension fondamentale de l'éthique. Lorsque le rapport homme-femme devient une rivalité entre l'un et l'autre, les conflits naissent et paralysent la communion et le partage. L'oppression trouve alors un terrain fertile où elle s'enracine et se développe. Il arrive souvent que ce soit au détriment de la femme. La justice exige en ce cas que l'on change un tel rapport de force. Pour ce faire, la femme aura besoin de la solidarité de ses semblables et de celle des forces vives de la société. La revendication collective devient alors recherche de libération, de justice sociale.

Si l'éthique fournit au féminisme ses lettres de créance et ses chemins de lumière, la théologie apporte aux chrétiens un appel et une espérance relativement à la condition féminine. En christianisme, la Bonne Nouvelle est une personne. C'est Jésus le Christ. Celui-ci a vaincu la mort et le péché. Il a libéré les humains de tout asservissement. En Lui, le salut est donné en espérance. Tout être humain peut y participer en vivant le mystère pascal. Depuis le matin de Pâques, Jésus le Ressuscité est vivant. Il partage la vie des humains. Dieu est désormais présent dans l'histoire. Il est au cœur des luttes humaines pour la libération.

Cela signifie que Jésus n'est pas étranger à l'histoire des femmes et à leur recherche d'une authentique identité. Son comportement à l'égard de Marie sa mère, de la femme de Samarie, de Marie de Magdala et de plusieurs autres femmes révèle de sa part une perception de l'égalité foncière de la femme et de l'homme. La participation au Règne de Dieu est ouverte aux femmes comme aux hommes puisque la libération apportée par Jésus Christ est pour toute personne humaine. À ce sujet, il est intéressant de lire certaines études bibliques récentes où les auteures cherchent à dégager le rôle actif joué par les femmes qui ont accompagné Jésus pendant sa mission en Palestine. Aujourd'hui encore, Jésus le Sauveur est vivant dans les attentes de liberté et de responsabilité réelles des femmes. Il est donc solidaire de la recherche de celles-ci pour en arriver à l'autonomie, à la liberté, à la solidarité et à la réciprocité avec les hommes.

L'affirmation de la Bible à l'effet que «Dieu créa l'homme à son image, homme et femme il les créa» constitue une piste capitale pour les luttes du féminisme. À cause de la culture et de l'histoire, la femme a longtemps été considérée comme inférieure à l'homme. Les Églises, très liées à la culture de leur milieu, ont traîné pendant des siècles les séquelles de cette perception. L'anthropologie biblique contredit, cependant, cette image de la femme. L'être humain est à la ressemblance de Dieu. Femme et homme sont l'être humain. Entre elle et lui, il y a une complémentarité réciproque. Au-delà des contingences physiques et culturelles, l'homme et la femme sont égaux. L'humanité créée à l'image de Dieu postule qu'entre les personnes humaines il y ait des relations semblables à celles qui existent en Dieu entre le Père, le Fils et l'Esprit. L'Évangile du Christ rappelle qu'en Dieu il n'y a aucune relation d'inégalité, d'assujettissement ni d'exploitation. Au contraire, les Personnes divines connaissent des rapports d'égalité, de réciprocité et de partage vécus dans la totalité de la perfection. Quand les femmes visent à établir entre elles et avec les hommes des relations semblables, elles répondent à l'appel qui leur vient de Dieu. Créées elles aussi à son image, elles apportent un reflet de Dieu qui nous aide à comprendre que Celui-ci est au-delà du masculin ou du féminin que nous sommes portés à projeter en Lui.

Femmes et hommes dans l'Église

Le rapport homme-femme dans l'Église a été dénoncé occasionnellement comme le lieu d'une inégalité qui a causé des frustrations. Les évêques canadiens ont même parlé du besoin de réconciliation hommes-femmes dans l'Église. Pourtant, la théologie du Peuple de Dieu élaborée à Vatican II met en lumière que tous les baptisés, hommes et femmes, prêtres et laïcs, sont égaux dans le rassemblement des croyants. Si les uns et les autres ont reçu des fonctions différentes dans l'Église, cela n'est pas pour établir une supériorité des premiers sur les seconds, mais pour donner au Corps du Christ une structure d'autorité apte à maintenir la cohésion de l'ensemble et l'harmonie entre les membres. Il se pose parfois des problèmes de pouvoir dans les communautés chrétiennes. Cela est dû, non pas à l'organisation de l'Église, mais à des attitudes de gens concernés qui s'inspirent inconsciemment des modèles profanes de pouvoir plutôt que de l'enseignement de Jésus. « Vous savez que les chefs des nations dominent sur elles en maîtres et que les grands leur font sentir leur pouvoir. Il n'en doit pas être ainsi parmi vous : au contraire, celui qui voudra devenir grand parmi vous, sera votre serviteur et celui qui voudra être le premier d'entre vous, sera votre esclave. »

Le ministère dans l'Église est un service. Longtemps, les prêtres ont assumé la plupart des actions ministérielles. À ce point que notre perception en était arrivée à considérer que seuls les évêques, les prêtres et les diacres étaient des ministres. Depuis quelques années, la participation des laïcs au ministère nous a amenés à distinguer les ministres ordonnés et les non ordonnés. L'expérience pastorale continue à évoluer. De plus en plus, le service ministériel est identifié à la responsabilité de tous les baptisés. Sans confondre les rôles et réduire le caractère vital du ministère ordonné, les chrétiens assument une part des responsabilités jadis dévolues aux prêtres. Il en résulte un rapport dont l'accent est moins mis sur le couple prêtre-laïc que sur la dynamique ministres-communautés. Les questions soulevées par des femmes sur leur accessibilité à l'ordination se trouvent posées dans un contexte bien différent de celui qui a prévalu jusqu'ici.

Il y a lieu d'ajouter aussi que la vie chrétienne change beaucoup au niveau des communautés locales de l'Église. Dans les paroisses populeuses où le ministère est accompli par un petit nombre de chrétiens, l'élaboration du discours sur la foi reste l'apanage des personnes instituées en autorité. Au contraire, la formation de communautés chrétiennes à taille humaine favorise davantage la prise de parole par un grand nombre de baptisés. Plus le leadership pastoral est proche de la vie des membres de la communauté, plus il est sensible à l'expérience vécue par les croyants. Il devient alors possible de formuler les exigences de l'Évangile dans un langage accessible à tous et de nourrir les énoncés de la foi par la pratique chrétienne vécue ici. Plus les femmes apportent leur vécu en communauté chrétienne et le mettent en partage avec les membres de toute l'Église, plus l'enseignement du magistère s'enrichit de ce qui fait l'expérience de la foi aujourd'hui.

Bien sûr, cela ne donne pas une réponse à la question de la possibilité de l'ordination des femmes au ministère mais cela en change la problématique. Si les femmes avaient la conviction que leur identité de femme est acceptée dans l'Église et que leur expérience humaine est source de lumière pour l'enseignement officiellement donné en Église, déjà la frustration éprouvée par plusieurs d'entre elles jusqu'à ce jour serait changée. Néanmoins, la question demeure. Ce n'est pas moi, cependant, qui peux la résoudre. Il revient aux théologiens de scruter les divers aspects de cette question et de soumettre leurs avis au pape et aux conférences épiscopales, s'il y a lieu. Pour ma part, je me soucie de favoriser la contribution de femmes à l'exercice du service de l'autorité dans l'Église. Déjà, le partage amorcé dans les tâches ministérielles annonce un avenir d'égalité aux femmes et aux hommes dans l'Église. La voie est ouverte pour une authentique coresponsabilité dans la prise en charge des communautés chrétiennes par les baptisés-confirmés avec les ministres ordonnés. Il y a maintenant lieu de chercher à mieux articuler la prise de parole des chrétiens dans leur vie de foi avec l'enseignement de l'évêque solidaire de ses frères et du pape.

Orientations pastorales diocésaines

C'est d'abord la responsabilité des femmes de faire la sensibilisation de leurs semblables sur la condition féminine et, par ricochet, de toute la communauté ecclésiale. Mais cela ne pourra pas se faire sans une contribution active de la part des pasteurs locaux. En effet, je crois fermement que c'est au niveau local de la communauté chrétienne que la sensibilisation va donner du fruit. Il serait trop facile de désigner une personne rattachée à un service diocésain pour faire un tel travail. Tout le monde aurait bonne conscience mais l'action s'étiolerait inévitablement. Il faut que dans chaque communauté chrétienne une ou des personnes assument le leadership de la sensibilisation des fidèles à la condition féminine. C'est à ce titre seulement que l'on pourra dire vraiment qu'il s'agit là d'un projet porté par notre Église de Saint-Jean-Longueuil. D'aucuns vont demander pourquoi notre diocèse s'engage dans une telle sensibilisation. La réponse à cette question est contenue dans la mission même de l'Église et elle fournit une deuxième orientation pastorale à notre propos. L'Église doit être prophète en son milieu. Les croyants sont rassemblés par l'Esprit de Jésus pour être le signe de la présence de Dieu Sauveur dans le monde. L'Église est sacrement du salut. Elle accomplit son rôle de plusieurs manières. La prédication de la parole, la prière et les célébrations sont des signes du salut. Bien des gens, toutefois, deviennent sensibles à la manifestation du Règne du Christ quand la Bonne Nouvelle correspond à une libération dans des domaines où ils se sentent frustrés ou brimés. Pour être un signe parlant pour l'ensemble de la société, l'Église doit passer par l'engagement social ou le service des humains dans leur vie concrète.

Quand je me rappelle qu'il y a quelques milliers de diocésaines membres de l'AFEAS, des Cercles des fermières et des Filles d'Isabelle, je fais le rêve que ces dames, dans l'accomplissement de leur programme d'action sociale, soient des signes du Christ dans leur entourage. Ici et là dans le diocèse ont surgi des maisons d'hébergement ou de transition pour des femmes dans le besoin. L'aide apportée à ces personnes est de l'ordre de la compassion, de l'amour et du partage dont parle le Christ dans la parabole du jugement dernier. Pour que l'Église soit sacrement du salut dans ces œuvres et ces associations, je souhaite que les communautés chrétiennes, par des membres représentatifs, appuient explicitement les projets qui y sont réalisés et mettent en lumière les éléments évangéliques présents. L'Église est dans le monde pour y chercher Dieu et en révéler l'action libératrice.

* * *

Il restera toujours une tension au cœur des engagements dont on vient de parler. Les luttes humaines ne sont pas la pleine libération en Jésus Christ. Celles-là sont marquées par l'ambiguïté. Elles peuvent même être teintées de volonté de puissance et de domination. Elles ne sont pas exemptes du péché qui nourrit l'injustice et l'exploitation. Cela est vrai aussi de la recherche d'équilibre dans le rapport homme-femme. Il n'empêche que l'Évangile invite à mener les luttes humaines de libération et de justice. Les luttes deviennent libération chrétienne lorsque les valeurs de justice et de vérité deviennent le moteur de l'engagement, et celles du pardon et du partage la nourriture quotidienne des personnes militantes.

L'Église elle-même a connu et connaît une pratique marquée par l'ambiguïté et le péché. Le concile Vatican II a dit de ce Peuple de Dieu qu'il a sans cesse à se convertir afin de retrouver une limpidité et une souplesse qui laisseront passer le visage du Christ en lui. Fort heureusement, grâce au don de l'Esprit que Jésus Christ lui fait, l'Église est suffisamment libre pour se remettre en cause. À travers les changements de ce monde, elle cherche et trouve son Seigneur. Concernant la condition féminine, la présente lettre ne dit pas tout.

Loin de là. C'est à nous maintenant, vous et moi, d'apporter les compléments utiles et de mettre en œuvre les projets opportuns. C'est pourquoi la solidarité des femmes entre elles et avec l'Église vivifie le contenu de notre espérance.

Longueuil, le 7 décembre 1984

L'EXERCICE DE L'AUTORITÉ

Extrait d'une interview publiée
dans la revue Prêtre et Pasteur

Depuis que vous êtes évêque, avez-vous eu l'impression que votre tâche était de faire exécuter les décisions des Congrégations romaines, des Dicastères ? Sur le plan doctrinal, liturgique, nous avons souvent l'impression que les évêques ne sont pas en autorité...

Je dois dire que, après trois ans, je n'ai vraiment pas le sentiment d'être quelqu'un qui est là pour exécuter les directives d'une instance plus haute. Ou encore, un relais dans un système, dans un réseau de communications, comme si la doctrine était émise ailleurs et que je n'étais qu'un relais chargé de recevoir un message et de le retransmettre. Au contraire ! Les communications avec Rome sont nombreuses et elles portent sur des questions qui regardent l'Église universelle : question de Synode, célébration de tel sacrement, vie de l'Église au Canada... Rome envoie des communications mais la Conférence des évêques en envoie aussi à Rome. J'ai essayé d'être assez présent à ce qui se passe non seulement dans le diocèse mais aussi à l'Assemblée des évêques du Québec et à la C.E.C.C. Il est très rare, même si à l'occasion cela peut arriver, que nous recevions des communications qui ont déjà fixé ce que nous avons à penser. Dans de tels cas, il s'agit de sujets qui ont trait à l'Église universelle. Nous sommes solidaires et, pour moi, cela ne fait pas de problème.

Mais l'expérience la plus quotidienne est celle d'un leadership qui est vécu ici même. Quand les évêques du Québec, par exemple, prennent comme sujet de travail l'éducation permanente de la foi, qui allons-nous consulter pour connaître le vécu de l'éducation de la foi ? Nous consultons les catéchètes qui travaillent ici. Nous consultons le peuple de Dieu du Québec. Notre analyse se fait ici.

De même, lorsque nous avons parlé de la pastorale des distants, nous avons cherché chez nous ce qui pouvait expliquer ce phénomène. Les actions pastorales à prendre sont vraiment québécoises. Pour moi, l'exercice quotidien de l'autorité dans l'Église se fait principalement à partir du milieu. Là où nous avons le sentiment de ne pas être des responsables ultimes, mais des responsables en lien avec d'autres épiscopats et d'une façon privilégiée avec Rome, c'est quand nous traitons des points essentiels du christianisme. Par exemple, si les évêques du Canada décidaient d'enseigner une doctrine différente de celle du Magistère romain, il est évident que ce serait là un problème très sérieux car il ne s'agit plus là de liberté individuelle mais d'orthodoxie dans la foi.

Il peut y avoir des prêtres et des fidèles qui ont le sentiment que Rome est omniprésente, mais ce n'est pas l'expérience que j'ai eue depuis trois ans. La latitude pour l'exercice de notre autorité est considérable. Ce que nous faisons au Québec n'est pas nécessairement la même pastorale que celle de la région atlantique ou d'une autre région canadienne. Et même à l'intérieur du Québec nous avons fait l'expérience d'une lecture différente de notre donné social par rapport à l'application des normes qui régissent l'absolution collective. Bien sûr, nous considérons que la législation sur la forme des sacrements ne regarde pas tel évêque dans son diocèse mais l'Église universelle, celle-là même qui est synthétisée dans l'autorité romaine, l'Évêque de Rome. Ceci dit, ces normes viennent indiquer que, dans certains cas, il est possible de célébrer le sacrement en donnant l'absolution, et pour ce qui est de l'aveu, qui est nécessaire, de le différer.

Il n'y a pas, entre les évêques, d'affrontement sur la limite de l'autorité de chacun. J'ai un peu l'impression que l'exercice de l'autorité chez l'évêque n'est pas limité par des contraintes qui viennent de Rome ou de l'extérieur, mais qu'il est régi par la solidarité de l'Église universelle, dans une latitude qui est considérable.

Pour un évêque, ne serait-ce pas mal vu de faire cavalier seul ? Est-ce que le principe de collégialité ne limite pas votre autorité ?

Il y a une interdépendance avec les autres évêques qui fait que parfois, devant tel projet qui me paraît indiqué dans le diocèse, je dirais « non » par solidarité avec les autres. Ma liberté est grande, mais elle est quand même relative à d'autres libertés. L'évêque n'est pas l'épiscopat. Le collège épiscopal, c'est tous les évêques qui ont reçu l'ordination pour exercer l'autorité dans l'Église. Mon autorité me vient du pape et des autres évêques ; elle me vient du Christ-Tête, si on veut remonter aux racines théologiques. Il y a le Christ total, qui est le Peuple de Dieu, et il y a, dans le Peuple de Dieu, une autorité qui vient de Celui qui est la Tête dans le Corps mystique du Christ. je crois aussi que mon autorité n'est pas entièrement indépendante des fidèles. Quand nous parlons de limites dans l'exercice de l'autorité de l'évêque, nous ne devons pas oublier qu'une influence vient des fidèles, ou encore des collaborateurs. Quand mes collaborateurs trouvent que telle idée que je puis avoir n'est pas opportune, ils interrogent l'autorité dans un dialogue fraternel. en fait, c'est dans une pratique quotidienne avec eux que j'exerce l'autorité.

Si je m'aperçois que les fidèles n'acceptent pas telle ou telle chose, même si je suis convaincu de son bienfondé, je vais chercher un moyen d'exercer l'autorité sans brimer des gens qui me disent : « on n'est pas tellement d'accord ». Et tout dépend de la question en litige. S'il s'agit de l'avortement et qu'on trouve la position de l'Église trop rigide, je réponds : « La vérité ne s'adapte pas. La vie est sacrée ou elle ne l'est pas. Si elle l'est, elle a des exigences qui ne correspondent pas infailliblement à la sensibilité de certains groupes ou de certaines personnes. » Mais s'il s'agit de problèmes d'un autre ordre, comme du gouvernement de l'Église diocésaine, je suis très influencé par les fidèles et par les prêtres.

Il y a parfois des groupes, ou même des individus, qui prennent des initiatives, qui tentent des expériences qui ne sont pas approuvées au départ par l'autorité. On vous met devant le fait accompli. Devant ces marginaux qui veulent être « l'Église », comment réagissez-vous comme évêque ?

Je vais vous donner ma réaction personnelle parce que j'ai vécu cela. Peut-être pas tellement avec des groupes qu'avec des personnes. Je dois dire que je réagis plutôt vivement. Non par colère, mais par conviction que l'Église, ce n'est pas ça. L'Église, ce n'est pas quelqu'un qui a décidé qu'il avait la vérité. Pour moi, une action d'Église doit se faire dans la solidarité. Ce ne peut être qu'un projet bilatéral. C'est le projet de telle personne, de tel groupe mais aussi de l'évêque. « L'Église est dans l'évêque, et l'évêque dans l'Église », disait saint Cyprien. Pour moi, tout ce qui est acte d'Église doit être marqué à la fois par le peuple et par l'évêque. Il faut les deux. Celui qui me place devant un fait accompli pose un geste qui n'est pas marqué par le sens de l'Église.

Au plan des fais, je ne me sers pas du bâton. Je dis à la personne : « Je ne suis pas d'accord avec telle option que vous prenez, mais je reste prêt à vous rencontrer. Notre désaccord n'est pas un mur. » J'essaie de ne pas couper les ponts.

Mais devant ces « marginaux » qui se veulent d'Église ?
Il faut distinguer. En disant que ces gens n'ont pas le sens de l'Église, je ne veux pas mettre dans la même catégorie tous ceux qui sont en désaccord avec l'évêque. J'aurais la partie un peu trop facile. Ce n'est pas ainsi que ça se passe. Que des gens prennent des décisions auxquelles l'évêque ne serait pas favorable, cela ne les coupe pas nécessairement de la solidarité épiscopale.

Prenons le cas, à l'intérieur d'une paroisse, d'un groupe de chrétiens qui décident de former une petite communauté. Sur le plan personnel, si j'avais pu en

209

discuter avec eux, j'aurais donné un avis défavorable et je leur aurais recommandé de réaliser leur projet à l'intérieur de la paroisse. Mais s'ils décident de suivre leur idée, cela ne brise pas la solidarité. Pour briser ce lien, il faut un enjeu plus fondamental : « on n'a pas à répondre à qui que ce soit sur le plan de la doctrine, des sacrements ou des questions de fond ».

Au fond, des gens qui se regroupent en disant qu'ils sont l'Église font parfois l'Église à partir d'eux-mêmes. Mais le Christ n'a pas voulu que l'Église soit seulement ce qui existe à partir de ce que les gens mettent en commun. Il faut aussi la remontée dans l'Esprit, l'authentification par le ministère du Christ-Prêtre. Et c'est là qu'il peut y avoir des expériences douloureuses pour tout le monde. Les fidèles souffrent quand ils ne vivent pas une communion facile avec leur pasteur. Il ne faudrait pas qu'ils s'imaginent que les évêques ne souffrent pas, eux aussi, des difficultés de la compréhension mutuelle.

Et si c'était à refaire ?

Si c'était à refaire, je recommencerais la même expérience. Le fait d'être évêque n'est pas un devoir que je porte avec le sentiment qu'il me détruit. Il y a des souffrances. Mais quelqu'un disait récemment : « Une Église qui ne porte pas la croix n'est pas chrétienne. » C'est juste. Il y a des préoccupations considérables. Mais en homme confiant dans le monde moderne, je me dis que c'est aussi la source de grandes joies. Et puis, j'ai la certitude de ceux qui misent sur le Seigneur.

Il y a bien des situations où l'évêque, comme personne humaine, ne peut pas faire grand-chose. Les gens me demandent parfois : comment faites-vous ? Je réponds que je fais mon possible... Pas très original ! Mais il y a une chose dont je suis certain, c'est que le Seigneur ne me laissera pas bousiller son Église. Il défend ses intérêts. Au plan spirituel, en tout cas, j'ai le sentiment de faire une expérience de foi. Un évêque est d'abord un chrétien. Il a à vivre l'espérance. C'est un témoignage que j'essaie de donner au fil des jours.

LES ÉVÊQUES ET LA JUSTICE SOCIALE

Vous vous rappelez sans doute le temps où certains s'étonnaient du silence des évêques. Depuis quelques années, par contre, il arrive qu'on nous reproche de trop parler, ou du moins de trop parler du « social ». Il n'y a pas que le social qui intéresse les évêques. Mais c'est un fait que nos déclarations sur la foi, le Christ ou la prière trouvent moins d'écho dans les médias que telle intervention particulière touchant des questions sociales, économiques ou politiques. En fait, pour comprendre ce que nous essayons de dire, il faut replacer ces interventions dans l'ensemble du discours que tient l'épiscopat.

Pas de ghetto religieux

La justice sociale est une Bonne Nouvelle adressée aux pauvres dans la mesure où elle rejoint l'essentiel du message de l'Évangile. Et ce message, c'est d'abord une personne : Jésus Christ, libérateur, vivant aujourd'hui au cœur du monde, le Fils de Dieu mort et ressuscité. Parce que Jésus Christ est vivant, le Dieu des chrétiens habite l'histoire, il est présent dans la vie des hommes et des femmes d'aujourd'hui. Le Christ vivant apporte le feu sur la terre, un feu qu'il désire voir se propager : le feu de la libération, et de la libération totale. Or l'expansion de la Bonne Nouvelle du Royaume de Dieu manifesté par la libération déborde largement le domaine religieux.

Le christianisme n'est pas une évasion vers le spirituel « pur » ; il n'est pas le fait d'une série d'individus isolés, sans lien avec une communauté ; il n'est pas une religion-ghetto. Depuis Jésus, le sacré n'est plus enfermé dans des objets, des lieux ou des pratiques rituelles : ce qui est sacré, c'est la personne humaine. C'est là tout le sens du dialogue entre Jésus et la Samaritaine : « adorer Dieu en esprit et en vérité », ce n'est pas une affaire de rites ou de lieux de culte, mais une question de vie. Une vie pleine, réussie. De même, au chapitre 25 de l'Évangile de Matthieu, Jésus se révèle présent d'une manière toute particulière dans la personne des pauvres et des marginaux : il fait corps désormais avec ceux et celles qui ont à subir des conflits sociaux que la plupart du temps ils n'ont pas choisis.

Saint Paul, lui, expliquera aux Romains que la création tout entière est concernée par la révélation des fils et des filles de Dieu. La dimension sociale, la dimension économique, la réalité politique sont bien sûr des lieux de conflit, puisque des choix différents peuvent s'y opposer, mais ce sont aussi des lieux de rédemption. Les chrétiens — et tel est précisément le sens du discours des évêques — ont à rendre manifeste dans ce monde le message de l'Évangile d'une vraie libération. D'ailleurs, si on reprend l'enseignement des évêques depuis une quinzaine d'années, on s'aperçoit que toutes leurs déclarations à portée sociale ne sont que des variations sur deux thèmes fondamentaux : la responsabilité et la justice.

La Bonne Nouvelle pour les pauvres

Première affirmation : les chrétiens sont appelés dans le peuple de Dieu à être des gestionnaires responsables des biens qu'il y a sur cette planète. Biens économiques, biens humains, biens sociaux. Coresponsable de la création, l'homme est plus qu'un consommateur insatiable : les biens créés ont une destination universelle. Se rendre responsable, s'impliquer, c'est faire en sorte que les conflits — inévitables en société — permettent aux valeurs de justice, de vérité, de respect du bien commun de s'incarner dans la réalité ; c'est se rendre responsable des autres, car c'est faire en sorte que la personne humaine soit respectée.

L'autre affirmation accentue la justice sociale. Comme Dieu, l'homme doit vivre une option préférentielle pour les pauvres : les conflits sociaux dans le monde économique, dans le monde politique, dans les rapports entre hommes et femmes, entre générations, entre majorité et minorité opposent rarement des partenaires vraiment égaux. La plupart du temps, le conflit naît précisément de l'inégalité.

La Bonne Nouvelle est adressée aux pauvres par des chrétiens quand ils se font artisans de justice, d'amour, de partage, de solidarité. Ces valeurs constituent le règne de Dieu sur la terre. Proclamer les Béatitudes, c'est au fond révéler que Dieu aime ceux qui sont pauvres et marginalisés. Il les aime, non pas parce qu'ils sont pauvres, mais en tant qu'êtres humains ; il les préfère parce qu'ils ne sont pas traités comme tels.

La Bonne Nouvelle pour l'Église

Cette attention à la justice sociale n'est pas seulement une Bonne Nouvelle pour les pauvres ; pour l'Église — où les pauvres sont présents — elle est ferment de renouveau et de conversion, elle nourrit la foi des chrétiens. On sait et on accepte d'emblée que l'expérience de Dieu peut se faire dans la prière mais toute l'histoire du peuple élu nous révèle que l'expérience de Dieu peut aussi se faire dans la justice. Quand on reprend le livre de l'Exode, on découvre que l'expérience de l'alliance de Dieu avec son peuple se bâtit sur l'expérience d'une libération collective, sur le passage de la condition d'esclave à celle d'hommes et de peuple libres. Du même coup, l'alliance, c'est l'accession à la responsabilité : d'où l'importance de la prédication des prophètes qui se font les gardiens de l'alliance : à travers l'histoire des royaumes d'Israël et de Juda, les prophètes vont vilipender les rois lorsque, devenus puissants, ceux-ci se détournent de la protection des pauvres, ce qui est la mission que Dieu leur a confiée, pour s'attacher à leurs propres intérêts. L'expérience de Dieu dans la nouvelle alliance va dans le même sens. Jésus reprend le texte d'Isaïe pour définir sa mission : l'Esprit de Dieu repose sur lui parce qu'il a été consacré pour apporter la Bonne Nouvelle aux pauvres, pour annoncer aux prisonniers qu'ils sont libérés ; et les premières communautés chrétiennes disent qu'elles ont compris la Bonne Nouvelle lorsqu'elles vivent la communion des cœurs et la communauté de biens, lorsque le Christ est vivant dans la communauté.

Saint Paul, de son côté, tout en constatant un écart entre le salut chrétien et les rapports sociaux existants, dira : puisque nous sommes tous un dans le Christ, il n'y a plus de maîtres et d'esclaves, de Juifs et de Grecs, d'hommes et de femmes. La justice sociale permet à des chrétiens de découvrir qu'on ne peut respecter l'homme créé à l'image de Dieu sans changer des rapports sociaux faits de dépendance, de domination, d'exploitation, de méfiance en des relations nouvelles d'égalité, de réciprocité et de partage. Quand les chrétiens s'engagent dans les luttes pour faire qu'hommes et femmes soient des partenaires égaux, dans la société comme dans l'Église, ils cherchent à réaliser cette conviction qu'hommes et femmes sont créés à la ressemblance de Dieu et qu'entre eux doivent s'établir ces rapports de générosité, d'égalité, de réciprocité que la Révélation affirme entre le Père, le Fils et l'Esprit : la vie de Dieu.

L'analyse sociale

Au fond, la pratique chrétienne consiste à rencontrer la personne de Jésus libérateur. Cela suppose la conversion du cœur. Mais aussi le changement des structures qui empêchent les humains de vivre dans l'égalité et la réciprocité. Cette pratique chrétienne exige, pour être complète, des engagements aux plans social, économique, politique, afin de répondre aux besoins réels des personnes.

Pareils engagements requièrent plus que des bons sentiments ou de la bonne volonté ; avant d'agir, il faut prendre le temps d'observer et d'analyser la situation, de voir et de juger. C'est pourquoi la pratique s'appuie sur l'analyse sociale. Les déclarations de l'épiscopat se fondent sur une analyse de notre société comme sur de grands principes, d'ordre éthique, inspirés de l'Évangile. Tout le monde n'est pas d'accord avec l'analyse sur laquelle s'appuient nos interventions dans le domaine social ; on a tôt fait, parfois, de décrire ce qu'on appelle notre naïveté ou de dénoncer notre ingérence dans le profane. Mais le profane intéresse les chrétiens parce que la Bonne Nouvelle est plus qu'une Bonne Idée, et il intéresse les évêques parce que la pratique chrétienne s'appuie sur des principes d'ordre moral. Quant à la « naïveté » de l'analyse qui sous-tend nos déclarations, elle n'est pas si évidente que certains le prétendent.

Plusieurs économistes, sans aller jusqu'à endosser chacune des phrases de nos déclarations, se sont dits profondément d'accord avec le contenu des messages sur le chômage et la crise. Tout le monde ne voit pas les réalités sociales du même point de vue, c'est normal ; mais ce n'est pas de la naïveté que de scruter les rapports sociaux du point de vue des pauvres et des marginaux.

L'Église et l'État

Entendons-nous bien. Rappeler des principes d'ordre éthique, souligner l'urgence des besoins et des droits des membres les plus faibles de notre société, appeler les chrétiens à prendre leurs responsabilités dans la cité humaine et à passer « de la parole aux actes », ce n'est pas la même chose qu'énoncer, encore moins imposer, des politiques socio-économiques ou des recettes administratives. Cela ne porte pas atteinte à l'autonomie des gouvernements.

Mes collègues et moi sommes très heureux de la séparation de l'Église et de l'État et nous ne songeons pas à la remettre en question, ne serait-ce que parce que ce régime accorde à l'Église une profonde liberté. Sans la séparation de l'Église et de l'État, nous serions acculés au lobbying, nous serions obligés de gagner la faveur des partis au pouvoir. La séparation permet à l'Église d'être un corps social libre et de remplir sa propre mission de service.

S'engager dans un parti ou dans un mouvement politique est un bon moyen de promouvoir la justice. Mais ce n'est pas à ce niveau que se situent l'action et l'enseignement des évêques, leur souci effectif du bien de l'ensemble de la cité. Si les évêques adoptaient des positions partisanes, ce n'est pas tant devant la société que devant les communautés chrétiennes qu'ils perdraient de la crédibilité, car ils se trouveraient en opposition à des chrétiens qui ont fait une option politique légitime.

Et si vous relisez bien les textes des évêques, vous remarquerez qu'ils commencent par affirmer leurs principes — la gestion responsable des biens et la justice sociale — et qu'ensuite seulement, pour ne pas rester dans l'éther des principes, ils proposent des applications, non pas comme des solutions imposées d'autorité, mais comme des illustrations, des conséquences plausibles de ces principes.

La justice dans l'Église

On ne peut pas avoir une pratique chrétienne de justice sociale tournée exclusivement vers la société profane, comme si l'Église était déjà le Royaume, comme si elle constituait déjà un monde d'égalité parfaite, de réciprocité, de partage. L'Église aussi doit se transformer. La coresponsabilité, la participation des laïcs, la place des femmes, le statut des agents de pastorale témoignent de ce processus.

Et, de fait, l'enseignement proclamé par les évêques, depuis quelques années, est le fruit d'un partage de responsabilités, qui est voulu même s'il n'est pas toujours explicité dans les documents. Ces documents sont préparés par des groupes de travail ; en général, ils font suite à des consultations menées avec des spécialistes en sciences humaines.

Mais ce partage des responsabilités continue au niveau de la réception du texte. Les ministres dans l'Église — et je ne parle pas des clercs, je parle des ministres car il me semble que le binôme ministre-communauté est plus fécond, plus égalitaire que la réalité dialectique prêtres-laïcs — sont là pour présenter les principes et proposer certains éléments d'analyse.

Il revient cependant aux baptisés, aux membres de la communauté, de choisir les modèles historiques, de faire les choix politiques correspondant à leur option par le service réel des pauvres. Au fond, nous sommes des gestionnaires responsables quand le monde est effectivement changé, humanisé, achevé selon les valeurs de l'Évangile. De même, quand, dans une société dont l'éthique est basée sur la domination et sur la puissance, on fait ce passage, en Église, dans la paroisse, dans une collectivité ou dans la société, d'arriver à vivre une morale qui est faite de solidarité et de partage.

En somme, pour nous qui avons travaillé aux déclarations des évêques dans le domaine social, le règne de Dieu est annoncé non seulement quand la communauté se réunit pour célébrer mais lorsque, effectivement, dans le monde, l'homme est libéré de ce qui l'écrase et en particulier de l'argent et de tous les pouvoirs oppresseurs. Le règne de Dieu est annoncé lorsque le pouvoir et l'autorité se font service. Et enfin lorsque le pardon — puisque nous sommes dans un monde de pécheurs, de gens qui se blessent — et le partage deviennent des modes de vivre et d'exister.

Les Lundis de Relations
Le 9 avril 1984

220

POSTFACE

HOMÉLIE DE LA MESSE
DES FUNÉRAILLES DE
MONSEIGNEUR BERNARD HUBERT

Prononcée par Mgr Jacques Berthelet, C.S.V.,
évêque auxiliaire, en la cocathédrale
Saint-Antoine de Longueuil, le 7 février 1996.

Is 25,6a.7-9
Ro 8,22-27
Lc 6,20-23

Frères et sœurs,

Un homme d'espérance vient de remonter
à la source de son espérance.

Bernard Hubert, il y a près de vingt-cinq ans, au moment où il devenait évêque de Saint-Jérôme, avait choisi comme devise cette parole de saint Paul tirée de sa lettre aux chrétiens de Rome : « Notre salut est objet d'espérance » (*Ro* 8,24). Voilà la première clé d'interprétation d'une vie totalement donnée au service de Dieu, au service de l'Église, au service des hommes et des femmes qui ont été placés sur la route de sa vie. Le salut dont il a été le serviteur, est salut offert à tous, mais il est présenté comme en priorité à ceux et celles que Jésus proclame heureux, c'est-à-dire déjà sauvés en espérance, les pauvres, les affamés, ceux et celles qui pleurent, les laissés-pour-compte, les rejetés, les exclus. Le salut prend d'abord le chemin de l'espérance. Le Christ est l'auteur de notre salut. Il est la source de notre espérance. L'Église est le sacrement de notre salut ; elle a mission de proclamer l'espérance née de la résurrection du Christ. L'espérance n'est pas une vertu facile. Elle est la vertu de ceux qui luttent, de ceux qui se tiennent debout dans la liberté des fils et des filles de Dieu. L'espérance ne repousse pas ses promesses et ses fruits à la seule fin des temps. Elle passe par des personnes qui révèlent le visage du Christ. C'est parce que le Christ a été l'espérance de Bernard Hubert qu'il l'a partagée avec ceux et celles qui étaient souvent sans espoir. Il a donné à l'espérance un visage, une parole, un geste, un cœur. À l'occasion de la célébration du soixantième anniversaire de la fondation de notre diocèse, en 1993, il nous disait : « Je veux rappeler le contenu de notre espérance au cœur des masses humaines. Qui va sauver les hommes et les femmes d'aujourd'hui ? Quelle expérience de salut révélons-nous dans les milieux que nous fréquentons ? Quel accueil manifestons-nous à ceux et celles qui cherchent Dieu et voudraient connaître sa tendresse ? En ce soixantième anniversaire de notre diocèse, qui célébrons-nous ? Ce sont là quelques questions pertinentes pour évaluer la qualité de l'évangélisation chez nous, rallier en Église les disciples de Jésus et raviver le sens missionnaire. Le Seigneur trace aujourd'hui les voies à son Église ; à nous de les discerner ensemble, de nous soutenir mutuellement dans le courage et d'édifier pour le monde actuel une Église vraiment communautaire et résolument missionnaire. »

Un homme de parole est allé à la rencontre de Celui qui est Parole de Dieu, le Verbe fait chair, le Christ de Dieu.

La Parole de Dieu fait jaillir la foi, la conforte et la fait grandir. Bernard Hubert a nourri sa parole à la Parole de Dieu. Parole de Dieu transmise dans l'Écriture sainte, parole de Dieu inscrite au cœur des hommes et des femmes, parole parfois anonyme et confuse que le ministère de Bernard Hubert a permis de libérer. Bernard Hubert a pris la parole des milliers de fois, dans toutes les circonstances, à toutes les tribunes, devant tous les auditoires possibles comme dans toutes les commissions et comités qui meublaient une bonne partie de son agenda. Sa parole fut celle d'une foi inébranlable en Dieu et dans la personne humaine. Une parole éclairée et sûre, articulée et simple, directe et chaleureuse, respectueuse et convaincante. Il n'a pu dire une parole toujours neuve, toujours bonne nouvelle, que parce que nourrie à la Parole de Dieu. Il n'a pu prendre la parole que parce qu'il écoutait ceux et celles qui cherchaient un sens, une lumière. Sa parole fut compassion.

Un homme de compassion et de solidarité est allé à la rencontre de Celui qui essuiera les larmes de tous les visages.

« La coupe que je vais boire, vous la boirez. Le baptême dont je vais être baptisé, vous en serez baptisés », avait dit Jésus aux disciples qui désiraient une place de choix dans son Royaume. La coupe est celle de la souffrance. Le baptême figure la mort qui précède la vie des ressuscités.

Bernard Hubert, dans son ministère d'évêque, a fait siennes les souffrances du monde, les souffrances de l'Église. Il a compris que la première réponse aux souffrances du monde est la compassion, l'accueil de ces souffrances jusqu'à en être bouleversé. Il a compris que l'histoire du salut, objet d'espérance, a commencé par un regard compatissant de Dieu sur la souffrance de son peuple lorsqu'il disait à Moïse : « J'ai vu, oui, j'ai vu la misère de mon peuple qui est en Égypte ; j'ai entendu ses cris sous les coups des chefs de corvée. Oui, je connais ses souffrances. » Monseigneur Hubert commentait et actualisait cette parole en disant : « La tradition judéo-chrétienne parle d'un Dieu qui voit la misère de son peuple, entend le cri des opprimés, fait alliance avec les petits. La Parole de Dieu dont témoignent l'Exode, les Prophètes, l'Évangile, les Actes des Apôtres, annonce un Sauveur pour tous les peuples qui agit humblement avec et pour les humbles et les pauvres. » Et il poursuivait : « Pour entendre le Seigneur parler aujourd'hui il ne suffit pas de le chercher chez les puissants. Il nous faut d'abord l'écouter chez les personnes qui souffrent et sont marginalisées... Grande est actuellement la pauvreté des gens isolés. Ce sont des aînés laissés pour compte, des mères célibataires, des jeunes effarouchés par nos systèmes, des femmes et des enfants violentés, des malades de qui on n'attend rien, des immigrants et des anglophones ne sachant plus s'ils sont estimés et désirés. D'autres sont isolés depuis longtemps. Ce sont les autochtones, les assistés sociaux, les chômeurs.»

Et mentionnant quelques défis à relever, il affirmait : « Nous pourrons continuer à assumer la vocation de l'Église dans notre diocèse dans la mesure où nous nous situerons avec audace dans une tension créatrice entre l'Église et le monde, recevant de ce dernier ce que l'Esprit y réalise et lui offrant la Parole et les gestes du Ressuscité. En effet, disait-il, un authentique partage s'instaure dans une vraie relation Église-monde. La communauté chrétienne n'a pas à tout inventer pour le service de la société. Grâce aux impulsions de l'Esprit-Saint, les humains bâtissent des solidarités aptes à assurer un réel développement humain. L'Église doit reconnaître et appuyer ce qui est déjà là plutôt que de doubler les services existants... De son côté, l'Église peut contribuer à l'analyse sociale et aux luttes de libération concernant les situations de pauvreté, d'isolement et d'injustice. La Parole de Dieu, l'enseignement social, la militance chrétienne constituent des atouts majeurs pour la transformation du monde en une terre prête à accueillir le Règne du Christ.»

Monseigneur Hubert savait qu'il n'y a pas que le monde qui vit des souffrances. L'Église a aussi les siennes. «Une très forte majorité de baptisés souffrent de dispersion et d'isolement, disait-il. Cela est vrai des

Églises chrétiennes qui demeurent désunies sans que cette brisure ne suscite des pointes d'angoisse apostolique chez un grand nombre. Nous nous inquiétons davantage quand nous pensons au fort taux de catholiques devenus distants de leur communauté chrétienne locale... Si tant de baptisés se sont éloignés des noyaux chrétiens, sûrement la cause, partiellement ou totalement, dépend de l'Église. Vraisemblablement, des blocages institutionnels ferment la porte à des gens qui se sentent exclus ou encore ils compromettent la crédibilité des témoins qui parlent et agissent au nom de l'Église. Il serait téméraire d'en faire ici l'inventaire, mais la question est posée : qu'y a-t-il dans l'Église qui empêche beaucoup de gens de voir en elle la porteuse de la Bonne Nouvelle ? Est-ce l'image d'une communauté centrée sur elle-même à cause de l'importance donnée à la préparation et à la célébration de la liturgie et des sacrements ? Est-ce la présentation du contenu de la foi et de ses exigences morales qui apparaîtrait comme une langue de bois ? Il faut faire la lumière là-dessus, car les répercussions de la réduction de nos noyaux et du repliement sur soi sont énormes ». Et il appelait chaque communauté chrétienne à élaborer un projet pastoral qui soit à la fois communautaire et missionnaire. Il insistait pour présenter ce qu'il appelait les quatre publics incontournables : la famille, les jeunes, les pauvres et enfin les croyants et les croyantes de toutes traditions, des autres Églises chrétiennes et des autres religions.

Un homme de service est allé à la rencontre de son Maître et Seigneur.

« Quiconque veut être grand parmi vous, avait dit Jésus aux Apôtres, qu'il soit votre serviteur. Et si quelqu'un veut être le premier parmi vous, qu'il soit l'esclave de tous.» Par ces paroles, Jésus introduisait dans le monde un nouveau type de relations entre les humains. Il appelait ceux et celles qui voudraient le suivre, non seulement les apôtres, mais les disciples, les chrétiens, les baptisés, à être serviteurs de leurs frères et sœurs.

Bernard Hubert n'a pas voulu être le premier. Il y a été appelé et il s'est fait serviteur. Il n'a jamais compris l'autorité comme une domination mais comme un service inspiré par l'amour et la vérité, par le respect profond de la liberté et la grandeur de chaque personne humaine, par la reconnaissance de l'égalité fondamentale entre tous. Cette autorité de service et d'amour, il la partageait dans une profonde communion avec le Saint-Père et ses frères évêques, avec ses prêtres et ses agentes et agents de pastorale, avec ses collaborateurs immédiats et avec ceux et celles dont il était le partenaire dans le service du monde. Et dans la suite de Jésus qui a donné sa vie pour la multitude, Bernard Hubert a donné sa vie jusqu'à l'épuisement de ses forces pour le peuple qui lui a été confié.

★ ★ ★

Dans un instant, nous allons célébrer le mystère de la mort et de la résurrection du Christ. Mystère de la mort. Une trentaine d'heures avant sa mort, en répondant à une paroissienne de Candiac où il effectuait sa dernière visite pastorale, Bernard Hubert répondait ceci : « Pour moi, la mort est une étape de la vie. Chaque geste que je pose dans ma vie d'homme et de pasteur, je le pose comme s'il était la toute dernière action que j'aurais eu à faire avant d'aller à la rencontre de Dieu. » Mystère de la mort, mais, on le voit, mystère de la résurrection. Dans cette eucharistie, la Parole de Dieu se fait chair en chacun, chacune de nous. L'Eucharistie fait de nous l'Église. Ici la Parole devient espérance, la Parole se fait compassion, la parole se fait offrande à Dieu le Père pour la salut du monde. Et dans le souvenir de Bernard Hubert, elle nous indique le chemin de l'engagement pour que toutes larmes gravent en nos cœurs les sillons de la vraie joie, pour que l'espérance qui nous anime perce la croûte d'une terre desséchée et s'épanouisse en rose ou en verger, pour que de jour en jour nous puissions dire : « Voyez, c'est notre Dieu. Nous avons espéré en Lui et Il nous délivre. C'est le Seigneur en qui nous avons espéré. Exultons, jubilons, puisqu'Il nous sauve. » Amen.